子どもの学びが
みえてくる

体育授業
研究のすゝめ

木原成一郎・大後戸一樹
久保研二・村井潤・加登本仁　編

創文企画

まえがき

■研究グループの特徴と出版の意図

　我々のグループの共通項は、広島大学の学校教育学部及び教育学部、学校教育研究科、教育学研究科及び附属各小・中・高等学校で共に学び合った体験を持つということにあります。そして我々は、体育授業を学び続ける教師の成長物語を描いた『体育授業を学び続ける』を2015年4月に創文企画から出版しました。

　その後我々は幸いなことに、2016年度〜2019年度にかけて4年間、日本学術振興会による科学研究補助金の研究助成を受けることができました。その研究テーマは、校内研修プログラムとしての体育授業研究の開発と海外への紹介でした。このプロジェクトを遂行していく過程で、我々は校内研修としての体育授業研究に熱心に取り組んでいる国内外の多くの先生方とともに、なぜ体育の授業研究に取り組むのか、どのように進めれば体育授業に必要な教師の資質・能力の獲得に効果が上がるのかという問いへの答えを探求して来ました。未熟ながらもその成果を世に問うために本書を出版することにしました。

■本書の構成

　本書は、子どもたちの「主体的・対話的で深い学び」を実現する体育授業をめざして、体育の授業研究による研修をすすめている現職の先生方をはじめ、教師になることをめざして勉強している学生諸君、教員養成に従事する大学教員の先生方にお読みいただくことを意図して出版執筆しました。

　本書は3章構成になっています。第1章は教師の成長をめざして行われる体育の授業研究が、現職研修、教師の省察、教師の学習、教師教育者の成長にとってどのような役割を果たすことができるかを探求しました。第2章は、これまで教員養成で行われてきた模擬授業や教育実習における学生同士の協働的な学習を現場の授業研究の準備教育と考えたとき、教員養成における模擬授業や教育実習にどのような役割を期待できるのかを学部の学校種や大学のコース別に、また学部と大学院ごとに、それぞれの事例に即して探求しました。第3章は、2017年9月から2018年10月まで『体育科教育』誌で13回にわたって連載された「校内研修としての体育の授業研究」をもとに加筆修正したものです。この連載を勧め

ていただき、本書への転載を快く認めていただいた大修館書店編集部の阿部恭和様にお礼を申し上げます。

　最後に、『体育授業を学び続ける』に引き続き、本書の出版を快く引き受けていただき、編集の労を執っていただいた創文企画の鴨門義夫様と鴨門裕明様に心よりお礼を申しあげます。ありがとうございました。

2020 年　春
編者代表　木原成一郎

子どもの学びがみえてくる体育授業研究のすゝめ

目次

体育の授業研究の目的

　校内研修として行われる体育の授業研究は何を目的として行われるのでしょうか。吉崎（1997, pp.133-136）は、授業研究の目的として以下の 3 つを挙げています。

①「授業を改善する。」

②「教師の授業力量を形成する。」

③「授業についての学問的研究を発展させる。」

　吉崎（1997, p.134）は第 1 の目的をめざす授業研究を「よりよい授業（わかる授業、楽しい授業、自己表現できる授業など）づくりをめざした授業改善研究のことにほかならない。」と述べています。第 1 の目的は、子ども達のわかってできる楽しい授業をめざして実践者の教師自身が授業改善を行うことです。他の教師や研究者の支援を受ける場合もありますが、この授業研究の主体は教師自身であり、授業改善の着眼点は、授業過程の子どもの学習への意欲や深さであり、単元終了後の子どもの学習成果です。深い内容を理解しようとする意欲的な子どもの学習を実現するために、教師は授業研究を通して、場づくり等の教材を工夫し、小グループの組織などの学習形態や授業過程での声かけを工夫する授業改善のアイデアを獲得しようとするのです。校内研修に参加される現場の先生方は、この第 1 の目的のために授業研究に参加されていると考えられます。

　吉崎（1997, p.135）は、第 2 の目的を「教師が自分自身の授業や他の教師の授業を対象に研究することによって、自らの授業力量を形成することにある。」と述べています。授業改善を目的として校内研修の授業研究に参加される先生方は、指導案の作成の過程で運動領域の教材についての知識を身に付けることができるでしょう。また、授業実践や授業観察を通して、運動の技能や知識を子どもが意欲的に学習するための場づくりや声かけなどの教授技術の知識や技能を身に付けることができるでしょう。さらに、何のために子どもたちが運動の技能や知識を身に付けるのか、子どもにどのような資質・能力を育成するのかという体育の目的への考え方を身に付ける先生方も生まれてくることでしょう。校内研修の場合、授業研究を立案し運営する校長先生や研究主任、体育主任は、この第 2 の目的を自覚して授業研究を企画立案し運営されていると思われます。

　吉崎（1997, p.135）は、第 3 の目的を「授業という社会的事象をアカデミックな

立場から研究して、教師の授業実践を支援できる技法を開発したり、方法論的な知見を得ようとすることである。」と述べています。大友（1997）によれば、体育の学術的な授業研究は、その研究方法論の特徴から、「現象学的アプローチ」「工学的アプローチ」「行動科学的アプローチ」「認知科学的アプローチ」「事例研究」に分類されるといいます。学術的な授業研究は、明らかにしたい研究課題に対応して、その研究方法を選択することが必要です。校内研修に指導助言者として参加する大学の研究者は、例えば、研究授業の教師の効果的な教授行動を明らかにするために「行動科学的アプローチ」による組織的観察を行い、教師の子どもに対する声かけ等の行動の改善の知見を提供することができます。また、授業研究後の協議会の改善のための知見を得るために、「事例研究」を用いて教師と指導助言者の協議会の発言を分析し、指導助言者に求められる役割を提言することができるでしょう。しかしながら、校内研修の主な目的はあくまで第1と第2の目的にあるのですから、大学の研究者と教師がそれぞれの立場から校内研修への参加の目的を交流し、協働の関係を創る努力を続けることが大切といえるでしょう。

【文献】
大友智（1997）授業研究の歩み．竹田清彦ほか編著，体育科教育学の探求．大修館書店，pp.348-359.
吉崎静夫（1997）デザイナーとしての教師　アクターとしての教師．金子書房．

1.1 教員研修における授業研究の役割

中西紘士

　教員の専門的力量や授業力を高めるための教員研修は様々な形態で実施されています。その中でも教員研修において中心となるのが学校で行われる授業研究ではないでしょうか。本節では、教員研修における授業研究の役割について考えていきたいと思います。

■教員研修における校内研修

　教員研修について文部科学省は図1のように大きく3つのレベルで研修を区別しています。

　まず、国レベルの研修では、「各地域で学校教育において中心的な役割を担う校長・教頭等の教職員に対する

教員研修の実施体系（文部科学省）

国レベルの研修（教員研修センターが実施）	●各地域で学校教育において中心的な役割を担う校長・教頭等の教職員に対する学校管理研修 ●喫緊の重要課題について、地方公共団体が行う研修等の講師や企画・立案等を担う指導者を養成するための研修 ●地方公共団体の共益的事業として委託等により例外的に実施する研修
する教委が実施都道府県等研修	●法定研修 ●教職経験に応じた研修 ●職能に応じた研修 ●長期派遣研修 ●専門的な研修
市町村教委等	●市町村教委、学校、教員個人の研修 市町村教育委員会が実施する研修、校内研修　教育研究団体・グループが実施する研修、教員個人の研修

図1　教員研修の実施体系（文部科学省，online 一部改変）

学校管理研修」「喫緊の重要課題について、地方公共団体が行う研修等の講師や企画・立案等を担う指導者を養成するための研修」「地方公共団体の共益的事業として委託等により例外的に実施する研修」としています。この研修においては、学校や自治体を越えた日本全国の教員を対象にした研修が行われます。

　次に、都道府県等教委が実施する研修では、初任者研修などの「法定研修」「教職経験に応じた研修」「職能に応じた研修」「長期派遣研修」「専門的な知識・技能に関する研修」としています。この研修においては、個々の教員の経験や能力に応じた研修が行われます。

　最後に、市町村教委等の研修では、「市町村教委、学校、教員個人の研修」としています。つまり、各市町村教育委員会が実施するものや、各学校で行われる研修、教育研究団体やグループが実施する研修と多様な研修が組まれています。

この文部科学省の教員研修の実施体系において、校内研修だけが、唯一学校単位で行われる研修です。校内研修以外の教員研修においては、職階や教職経験、職能に応じて研修内容がある程度統一され、共通の課題が設定しやすくなっています。しかし校内研修においては、初任教師から熟練教師が存在し、さらに教務主任、研究主任、教頭、校長等、様々な職階の教員集団で行われる教員研修となります。この校内研修にはどのような意義があるのでしょうか。

　校内研修の特質・意義について岸本ほか（1986, p.295）は、「①日常の教育実践から現実に即した研修課題が設定され、それを直接に究明することができ（日常性、直接性）、②組織体としての研修であり、相互理解と協力関係を促進するものであり（協働性）、③教育実践を通じて、あるいはそれと平行して行われるという意味で、成果が直接子どもに還元でき（具体性、実践性、即効性）、かつ、④研修をめぐる時間的・空間的条件が比較的整いやすい（簡易性）」と述べています。中央教育審議会（2016）も、教員研修に関する改革の具体的な方向性として、「『教員は学校で育つ』ものであり、同僚の教員とともに支え合いながらOJTを通じて日常的に学び合う校内研修の充実や、自ら課題を持って自律的、主体的に行う研修に対する支援のための方策を講じる」ことを挙げています。

　このように、教員研修において、教員の力量形成における中心的な役割を果たすものが、研修の中で唯一学校単位で行われる校内研修となります。そのため、この校内研修を充実させていくことが教員研修において重要なものとなっていると言えます。

■校内研修の中の授業研究

　校内研修を充実させるための方策として、中央教育審議会（2016）は、「とりわけ、授業研究をはじめとした校内研修及び園内研修の充実を図ることが重要であり、校内において組織的・継続的に研修が実施されるよう実施体制の充実強化を図ることが必要である。」（下線筆者）とあり、授業研究が校内研修の中心として示されています。わが国における授業研究は、明治30年代ごろから授業批評会という形で各学校において取り組まれており、現在でもほとんどの学校で実施されている校内研修の1つの形式です。豊田（2009, p.11）によれば、授業研究とは、「授業の改善に向けて、日々教師が学校現場で実践している授業実践を分析・研究の対象とし、最低限校内の同僚の教師たち―多くの場合、外部の教師や教育委員会関係者も含めて―が授業を互いに見合い、分析しあい、たとえば板書

の仕方、発問の仕方、指名の仕方といった片々の指導方法からはじまって、当の授業の教育内容や教材の吟味、さらには、そのときめざされた教育目標の検討までをも射程範囲に入れて、共同で授業のカンファレンスを行うこの過程全体」のことを指すとしています。つまり、中央教育審議会（2016）は、教員の力量形成が喫緊の課題となっている現在、教師の文化として根付いている授業研究を教員研修の中心として位置づけ、組織的に教員の力量形成を試みていると解釈できます。しかし、先にも述べた様に、学校には様々な教職経験や職階の教師が存在しています。全ての教師にとって、授業研究はどのような意味を持っているのでしょうか。授業研究におけるそれぞれの教職経験における意義について山﨑（2009, pp.143-144）は次のように述べています。

　　それらの活動は、若い教師にとって、共同研究活動をとおして先輩教師たちから学び、新しい知識や技能を習得する場となっている。また、中堅教師たちにとっても、それまでの教職生活のなかでは取り組む機会のなかった研究テーマや課題について新たに学び直す場であり、教師集団のリーダー的な役割と力量を学びとっていく場となっている。

　つまり、校内の教師集団には様々な教職経験や職階が存在している中で行われる授業研究は、共通の授業を媒介として、それぞれに応じた力量形成や授業改善へとつなげていくことができる場として大きな役割を果たしていると考えられるのです。

■授業研究の中の体育科授業研究

　一般の小学校においては学級担任制で授業が行われているため、それぞれの教師が専門とする教科は様々です。ベネッセ教育総合研究所（2010）によれば、小学校教師が「力を入れて研究している教科・領域」の第 1 位が国語科で 29.5％、第 2 位が算数科で 25.0％、第 3 位が体育科で 7.8％であったと報告されています。体育科を研究教科とする教師の割合は 3 番目に多いですが、国語科と算数科を研究教科とする教師が 50％以上を占めており、小学校教師は国語科と算数科に対する興味関心が高いことが分かります。これは、小学校の授業時数は国語科が 1 番多く、次に算数科、3 番目に体育科が多いことも一つの要因となっているでしょう。

しかし、木原（2018）によれば、広島県において1年間で研究公開された学校のうち、体育科を公開した小学校は全体の6％であり、中学校では23％だったと報告しています。この点に関して木原（2018）は、「体育の授業研究を学校ぐるみで実施している学校があまりにも少ない事実を示している」と述べています。つまり、個人的には体育を研究教科としている教師は3番目に多いものの、学校の研究教科として体育科を取り扱っている学校は少ないということになります。小学校教師の研究教科が国語科や算数科を中心とする中で、校内研修において体育科を取り扱い「授業研究」を行うためには、その小学校に所属する体育科を研究教科にしていない教師たちが、その意義を理解することが必要になります。

そこで、体育科の力量形成という限定的な視野ではなく、吉崎（1991）が述べるように、体育科の「授業改善につながる」という視点と、全ての教科に通じる「教師の授業力量が形成される」という視点で、授業研究で体育科を取り扱う意義を説明する必要があるでしょう。

■教師の授業力量の形成について

佐藤（1997）は、専門職としての教師は、「反省的実践家」としての成長が求められており、この「反省的実践家」の中核をなすものが「省察（reflection）」（リフレクション）であるとしています。このリフレクションの概念について、久保・木原（2013）は、これまではリフレクションを行う主体は実践者本人であるとされてきたが、観察して得た情報を観察者自身の経験や知識と結び付け、自身の考えや価値観を整理することに繋げることが出来れば、観察者などの実践者以外もリフレクションの主体となり得ることを主張しています。これは、実践者以外の他者が授業を観察し、省察することは、実践者のリフレクションを促すだけではなく、他者自身の知を生み出すことにつながるということを指摘しています。

授業研究における課題の1つに木原（2010）は、「機会が限定されている」ことを挙げています。校内研修で授業研究を行う場合、必ず実践者と観察者という2つの役割が生じ、多くの場合が観察者として授業研究に参加します。教師の省察を行う力量形成を意図した場合、実践者が「行為の中の省察」や「行為についての省察」を行い、力量形成を行っていく事は多くの授業研究で行われています。しかし一方で、観察者の力量形成について、どれだけ意図されているでしょうか。実践者の力量形成のみを意図するのであれば、授業研究は実践者だけで行うこともでき、もし他者との対話が必要なのであれば、評価者としての他者が少数いれ

ば足りることになります。しかし、校内研修として授業研究を行う場合には、実践者と観察者の両者の力量形成や授業改善を意図しなくてはなりません。そのため、観察者としての他者が、実践者の実践をきっかけとして、いかに省察を行い、自身の力量形成に繋げていくかが重要となってきます。

　校内研修の授業研究において、実践者と観察者の両者にとって、力量形成や授業改善へとつなげていくためには、授業研究後の省察の質を向上させることが必要となります。

■体育の授業改善

　校内研修で授業研究を行う場合、ほとんどの場合、授業後に研修の参加者全員の省察として協議会を行います。この協議会の際に、教師がどのような観点をもって意見を出し合うのかが、その協議会の正否を決定すると言っても過言ではありません。佐藤（2006）は、校内研修での話し合いの対象を「どう教えるべきだったのか」に置くのではなく、「子どもがどこで学んでいたのか、どこでつまずいていたのか」の事実におく必要性を指摘しています。これは、教師の指導法を直接焦点化するのではなく、子どもの学びの実態に着目し、その実態を明らかにすることから教師の指導法などに発展させていくという順序の必要性を指摘するものです。そのため、授業研究においては、子どもの学びを実践者、観察者がどのように見取ることができるのかが協議会の議論において重要になってきます。

　国語や算数などのように、子どもが学習の成果を言語的に表現しなければいけないことを、多くの教師が同時に把握することは、発表の場を除いて困難です。そのため、個別の子どもの学びやつまずきは、参観者が見ることができた一部の子どもに限定されてしまいます。そうなると、協議会において、「子どもがどこで学んでいたのか、どこでつまずいていたのか」という事実での話し合いは一部の発表者の学びやつまずきに限定される可能性があります。一方体育科の授業では子どもたちの学習活動や試行錯誤の過程、つまずきなどが子どもたちの運動として可視化されます。これは、授業を観察している多数の教師が一人ひとりの子どもの学びやつまずきの事実を同時に把握することが可能であることを意味しています。この点において、体育科で授業研究を行う利点があると言えます。

　一方で、同じ運動を観察者の教師が見ていたとしても、その運動から得られる情報は教師によって異なります。しかし、この点においても、体育科で授業研究

を行う利点と言えるのです。それは、様々な教職経験や職階の教師が参加する校内研修で行われる授業研究だからこそ、このような得られる情報の差を意識化することが可能となり、若い教師が先輩教師たちから学び、新しい知識や技能を習得する場にすることができると言えるからです。

そのため、子どもの学習過程が運動として把握できる体育科の授業は、子どもの事実に基づいて協議会を行うことが容易な教科であると言えます。このように、体育科の授業研究を行うことで、協議会を通して体育科の授業改善はもちろんのこと、全ての教師の力量形成を期待することができるのではないでしょうか。

■校内研修における体育科の授業研究の実際

校内研修のポイントを木原（2012）は図2の7点で示しています。この中でも授業研究が、校内研修において機能するための条件として代表的なもの2点について筆者が年間を通して関わっているK小学校の授業研究を事例的に報告していきたいと思います。

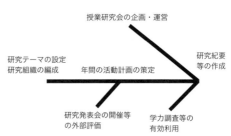

図2　校内研修のポイント（木原，2012，p.97）

○研究テーマの設定

木原（2006）は、研究テーマが満たすべき条件として①時代性、②共通性、③多様性、④具体性、⑤地域性や独自性の5点を挙げています。

研究テーマの設定において、②の共通性や③多様性に留意するあまり、テーマを絞り切ることができておらず、研究が深まらない場合があります。筆者が関わっているK小学校は、体育科の研究の積み上げがないところから研究をスタートしています。そのため、外部指導者である筆者から、研究領域を絞ることを提案し、教務主任が前年度に授業研究を行った陸上運動領域から研究をスタートさせていきました。陸上運動領域は、クローズドスキルの領域であり、授業内で行う学習活動などが共有しやすい

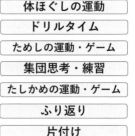

図3　K小学校の1時間の授業の流れ

という利点があります。そこで、K小学校の教務主任と研究主任を中心に、1時間の授業の流れのモデルを図3のように作成し、校内で共通認識を持てるようにしました。

〇校内研修計画の立案（内容・スケジュール・方法・組織体制）

K小学校では決定した研究テーマを具現化するために、筆者が年間を通して関わることができている利点を生かし、校内研修計画を作成しました。

まず、校内研修の第1回目に前年の研修の反省から設定された研究主題に関わる理論研修、実技研修を位置づけました。筆者が関わり始めた初年度は、体育科の中でも走・跳の運動、陸上運動領域に絞って研究主題が計画されていたため、陸上運動領域における理論とそれを具現化するための授業づくりのモデルについて研修を行いました。その後、理論、実技研修の内容を踏まえて、低・中・高学年において授業研究を行っていきました。

授業研究に向けて校内では、図4の様なサポート体制をとり、実践者だけでなく観察者の授業改善、力量形成へとつなげています。授業の指導案検討では、実際に模擬授業形式で子ども達と同じ運動を行いながら検討をすることで、子ども達のつまずく点について共有したり、よりよい学習活動や教具について検討したりしています。事前に実際に運動していることで、観察者が授業研究における児童のつまずきが予測でき、子どもの学びを共有しやすくしています。また、研究主任や教務主任が空き時間を利用して、事前授業を見学し、授業に対するアドバイスを行えるような時間割編成を工夫しています。そして、授業研究をゴールとするのではなく、授業研究で筆者が外部指導者として指導講話した内容を全体で振り返る校内研修を位置づけ、理解できた点や疑問点などを抽出し、次の研修の課題として取り上げています。

このように校内研修において授業研究を重ねることで、教師の研修に対する満足度が高まってきています。教師アンケートの記述からは、「体育科授業づくりのイメージが徐々に共有されている。」「体育の授業において、子ども達がかかわりながら体育をするようになった。」「授業研修、事後協議、講話で学んだ事を実践してみている。」

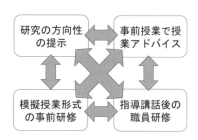

図4　研究授業のサポート体制

「今やっている動きが次の学年のどこにつながるか少しずつ見え始めた。」とあり、教師の授業改善や授業力量の形成が進んで来ていることを読み取ることができます。

■まとめ

このように授業研究において体育科を取り扱うことで、授業後の協議会では子どもの学びの事実から省察を行うことができ、様々な教職経験や職階の教師にとって力量形成や授業改善される教員研修にすることができるのではないでしょうか。

【引用参考文献】

ベネッセ教育総合研究所（2010）第 5 回学習指導基本調査（小学校・中学校版）．http://berd.benesse.jp/shotouchutou/research/detail1.php?id=3243,（参照日 2017 年 6 月 1 日）

中央教育審議会（2016）これからの学校教育を担う教員の資質能力の向上について〜学び合い，高め合う教員育成コミュニティの構築に向けて〜（答申）http://www.mext.go.jp/component/b_menu/shingi/toushin/__icsFiles/afieldfile/2016/01/13/1365896_01.pdf,（参照日 2017 年 6 月 1 日）

岸本幸次郎・久高喜行（1986）教師の力量形成．ぎょうせい，pp.294-304.

木原俊行（2006）教師が磨き合う「学校研究」．ぎょうせい．

木原俊行（2010）教師の職能成長と校内研修．小島弘道監，学校改善と校内研修の設計．ミネルヴァ書房，pp.46-63.

木原俊行（2012）授業研究を通じた学校改革．日本教育工学会監，授業研究と教育工学．ミネルヴァ書房，pp.93-122.

木原成一郎（2018）校内研修としての体育の授業研究―「のぼりサファリでおもいっきり走ろう」の実践を通して―. 体育科教育，66(10)：62-65.

久保研二・木原成一郎（2013）教師教育におけるリフレクション概念の検討―体育科教育の研究を中心に―．広島大学大学院教育学研究科紀要第一部学習開発関連領域，62：89-98.

文部科学省．教員研修の実施体系.http://www.mext.go.jp/a_menu/shotou/kenshu/1244827.htm,（参照日 2019 年 9 月 22 日）

佐藤学（1997）教師というアポリア―反省的実践へ―. 世織書房.

佐藤学（2006）学校の挑戦：学びの共同体を創る．小学館.

豊田ひさき（2009）戦後新教育と授業研究の起源．日本教育方法学会編，日本の授業研究―Lesson Study in Japan―授業研究の歴史と教師教育〈上巻〉．学文社，pp.11-23.

山﨑準二（2009）現職教育と授業研究．日本教育方法学会編，日本の授業研究―Lesson Study in Japan―授業研究の歴史と教師教育〈上巻〉．学文社，pp.135-145.

吉崎静夫（1991）教師の意思決定と授業研究．ぎょうせい.

1.2　授業の省察にとっての授業研究の役割

久保研二

■教師にとっての省察

　現在、教師の専門職像については、「技術的熟達者」（technical expert）と「反省的実践家」（reflective practitioner）の二つの考えが対立関係、あるいは相互補完関係として並置され、教師教育改革の議論を枠づけています（石井，2013）。この枠組みを提起したのが、Schön（Donald A. Schön）です。そして、Schön は、実践の状況が複雑であり、その実践の状況に働く高度で総合的な見識が必要な教師といった専門職においては、「反省的実践家」であることの必要性を説いています（Schön, 1983）。さらに、日本においても、この Schön の考えが佐藤学らによって日本に紹介され、大きく広がってきました。佐藤は、専門職としての教師は、「反省的実践家」（reflective practitioner）としての成長が求められており、この「反省的実践家」の中核をなすものが「省察（reflection）」であるとしています（佐藤，1993）。その後、日本教育大学協会が組織した「モデル・コア・カリキュラム」研究プロジェクトは、2004 年にまとめた答申の中で、教員養成で養成すべき「実践的指導力」について、「教育実践を科学的・研究的に省察（reflection）する力」をその中軸に据えるとしました（日本教育大学協会「モデル・コア・カリキュラム」研究プロジェクト，2004）。この答申を契機に多くの教員養成を行っている大学において、省察を新たに含んだカリキュラムの改革や授業改善が行われてきたのです。さらに、2012 年 8 月に出された中央教育審議会答申「教職生活の全体を通じた教員の資質能力の総合的な向上方策について」では、「学び続ける教員像」の確立が必要とされ、そのために理論と実践の往還によって省察を繰り返すことが求められています。この省察という言葉は、英語の「reflection」の訳語として用いられている言葉です。省察の他に、「反省」、「振り返り」、「内省」、「熟考」などと訳されることもあります。そのため、省察という言葉の意味を簡単に説明すると、自己の行為を振り返る活動ということができるでしょう。では、教師は、何をどのように省察していくことが求められているのでしょうか。

　Schön（1983）は、省察を「行為の中の省察（reflection in action）」と「行為に

ついての省察（reflection on action）」の大きく2つに分類し、「反省的実践家」に
おいては、とりわけ「行為の中の省察」が重要であるとしています。そして、
Schön（1987）は、「行為の中の省察」について、行為中のある状況においてルー
チン化された応答が、時として予期せぬ結果を招き、行為者に驚きをもたらし、
この驚きこそが、「行為の中の省察」を引き起こすとしています。つまり、「行為
の中の省察」とは、予期せぬ出来事が起こった際の即時的な振り返りなのです。
さらに、Schön（1987）の考えを見てみると、「行為についての省察」とは、行為
後に自己の行為を振り返る活動なのですが、その対象は、「行為の中の省察」に
限定されているのです。

　不確実な状況に対応していく教師にとって、「行為の中の省察」が最も重要な
能力であるということは、理解できます。また、「行為の中の省察」は実践中の
ものであり、それに直接働きかけていくことは難しいことです。そのため、「行
為の中の省察」を有効に働かせていくために、「行為の中の省察」を対象として
「行為についての省察」を行っていくことが重要であるということはよく分かり
ます。

　しかし、「行為についての省察」の対象は、「行為の中の省察」に限定されるべ
きなのでしょうか。久保・木原（2013）は、「行為の中の省察」が行われなかっ
た出来事に関しても、振り返る必要性を指摘しています。特に、行為者が経験の
浅い教師である場合には、「行為の中の省察」が行われなかった出来事に関する
「行為についての省察」が、重要になってくると考えます。木原（2004）は、省
察に関して、「問題の発見」と「問題の解決」に分け、初任教師は「問題を問題
として認識できない問題に当面している」と指摘しています。つまり、行為者に
「行為の中の省察」が行われなかった事象に関しても、後からその問題点に気づ
くこともあると考えられるのです。

　これらのことから、「行為についての省察」は、まずは、「行為の中の省察」に
目を向けられるべきですが、「行為の中の省察」以外の幅広い出来事に関しても
目を向けていくことが必要です。

　また、Schönの省察の対象は、教える経験などの自己の実践にのみ限定されて
います。しかし、省察は、自己の実践を対象としてのみ行われるべきものなの
でしょうか。Schönは、省察という概念を生み出す際にDeweyの「反省的思考
（reflective thinking）」という概念を参考にしています。Dewey（1933）は、この「反
省的思考」について、人間のあらゆる経験の中で生じる問題解決のための探求を

誘う思考であり、理論・知識を実生活に役立てるものであるとしており、自己の実践という経験のみを対象とはしていません。また、Korthagen（1985）は、省察の対象となる「行為（Action）」において、教える経験という自己の実践にのみ限定するのではなく、「認知的アプローチ」や「感情のアプローチ」といったものも含んでいます。具体的には、論文を読むということも省察を促す行為の局面となりえると指摘しているのです。

　これらの指摘を踏まえ、久保・木原（2013）は、教えるなどの自己の実践とは異なる、学習という行為からも「行為の中の知」は生成されると指摘しています。さらに、実践と理論の往還をつなぐものとして省察が注目されている背景を考えると、学習という行為も省察の対象に含まれるべきだと主張しています。理論の学習や他者の実践を観察するといった学習を省察の対象とすることで、そこで学習した理論や内容を自己の実践に活かしていくという方向性や、自己の実践での問題の解決を理論の学習や他者の実践を観察するといった学習に求めていくという方向性が生まれてくると考えられます。

　しかし、久保・木原（2013）は、この自己の実践以外の学習における「行為の中の省察」は、自己の実践における「行為の中の省察」よりも起こりにくいということも主張しています。なぜなら、自己の実践の場合においては、あまり能動的に取り組んでいなくても、予期せぬ出来事に出会う可能性があります。しかしながら、自己の実践以外の学習の場合には、学習が能動的でなければ「行為の中の省察」が、ほとんど起こらないのです。受動的な学習では、学習していることに対する疑問など起こってこないと考えられるからです。そのため、自己の実践以外の学習を対象とした省察においては、「行為についての省察」を起こさせるような課題提示が重要になってきます。また、「行為についての省察」で他者との対話を行い、他者の意見を聞くことで自分が意識していなかった課題に関する気づきや疑問を生み出し、少しずつ学習への姿勢を変えていくことが大切になってくるでしょう。

　省察は自己の行為を振り返る活動であるため、省察の主体は、あくまでその行為を行った行為者本人です。そのため、Schön が主張するように省察の対象を教える経験などの自己の実践にのみ限定した場合、観察者等の他者は、省察の主体とはなりえません。その場合、観察者等の他者の発言や記述は、あくまで授業実施者本人の省察を促すもので、省察ではないということになります。しかし、久保・木原（2013）が主張するように省察の対象に学習を含んだ場合、観察者等の

他者は、他者の実践を観察するという学習を対象とした省察を行うことができるようになります。そうすることで、より自己の実践を改善することや省察の能力自体を高めていくことができると考えます。

　しかし、他者の実践を観察するという学習を対象とした省察を行うことは、なかなか難しいでしょう。どうしても観察者等の他者は、実践者の実践について、感想や意見、批評を行うといった考え（例えば、〜が良かった。〜が分かりにくかった。など）で終わってしまうことが多いと考えます。そこで、久保・木原（2013）は、他者の実践を観察するという学習を対象とした省察にするためには、自己の経験や今までの学習と結び付け、自己の改善につなげたり、授業に関する自己の考えや価値観を整理したりする（例えば、〜が分かりにくかったので、自分が実践するならば〜する。など）ようにしなければいけないと主張しています。そうではなく、それが実践者の批評や評価でとどまってしまえば、授業を観察していた他者は省察の主体ではなく、実践者の省察を促す他者にしかなりえないとも主張しています。そのため、このような授業観察を行った際には、自己の経験

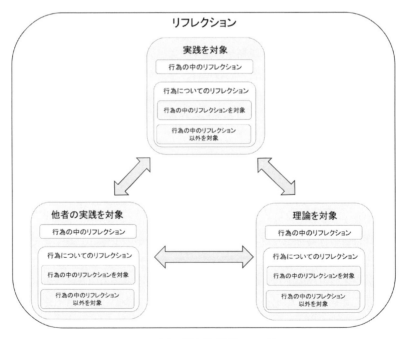

図1　省察の概念図（久保，2016）

や今までの学習と結び付け、自己の今後の実践の改善につなげたり、授業に関する自己の考えや価値観を整理したりするといった意識を授業観察者に持たせ、実践者の省察を促す他者という役割だけでなく、他者の実践の観察という学習を対象とした省察を行うことができるように促していくことが重要だと考えます。

　今までの説明を踏まえると、教師の行っていくべき省察の対象は、図1のように整理することができます。また、それぞれを対象とした省察が矢印でつながっているように相互に関連させていくことが重要だと考えます。特に、「他者の実践を対象とした省察」や「理論を対象とした省察」を行っていくうえでは、自己の実践への意識が必要不可欠なものであると考えます。

■省察を深めていくうえでの授業研究の重要性

　省察を深めていくうえで、他者との対話は、とても重要になってきます。他者との対話によって、自分では気づくことのできなかった新しい視点や考え方に触れることができ、より深い省察を行うことができるようになるからです。Schön（1987）も、省察を行っていくうえでの他者との対話の重要性を指摘しています。しかし、Schön の場合は、省察の対象を自己の授業実践と限定しているため、授業実践者以外の人は、実践者の「自己の実践を対象とした省察」を深めていくための存在でしかありません。それだけでは、授業実践者以外の人は、あまり成長を望めないことになってしまいます。そのため、今まで述べてきたように省察の対象を広げ、授業実践者以外の人も、「他者の実践の観察という学習を対象とした省察」を行っていくことが大切になってくるのです。授業実践者以外の人が「他者の実践の観察という学習を対象とした省察」をきちんと行えている場合には、それらの人も、他者との対話を行うことによって、自分自身の今までの授業に関する考え方を問い直したり、自己の実践改善につなげたりしていくことができると考えます。例えば、前転の学習をしている授業を観察しているとします。すでに前転をきれいに行うことができており、つまらなそうにしている児童を見た際に、自分ならばどうするかと考えていくことが、「他者の実践の観察という学習を対象とした省察」につながるのです。ここで観察した人は、他の人を教えるようにアドバイスさせようであったり、開脚前転を練習するようにさせようだったりと考えるかもしれません。しかし、協議会で他の観察者が、膝を伸ばした前転や大きな前転を学習させれば、前転で学習させたい、かかとをひきつける技術を変更することなく難易度の高い技に挑戦させることができるのではないかという

内容の省察をしているのを聞いたとします。そうすると、技能習熟の代わりの何かを用意すればよいと考えていた自分とは異なる考えを他者との対話で手に入れることになります。このようなことを通して、自分の今までの考えや価値観を整理していくことが重要なのです。

　このような指摘を踏まえれば、授業研究での協議会は、それぞれの省察を深めていくうえで格好の対話の場であることが理解してもらえるのではないでしょうか。実践者の「自己の実践を対象とした省察」と観察者の「他者の実践の観察という学習を対象とした省察」をそれぞれ対話によって交流することで、それぞれが、自己の省察を深めていくことができるのです。

　ただし、それらの対話をより有効なものにしていくためには、ただ授業研究において授業協議を行えばよいというものではありません。なぜならば、先述したように、観察者等の他者は、実践者の実践について感想や意見、批評を行うといったところで終わってしまい、「他者の実践の観察という学習を対象とした省察」を行っていくことが難しいからです。もちろん、観察者等の他者に「他者の実践の観察という学習を対象とした省察」を行っていこうという意識があればよいのですが、そういった人たちばかりではないでしょう。そのため、図2のよう

<校内研修　体育授業、振り返りシート>　　　　　　　　　（　　　　　　学校）

校内研修実施日：（　　）年（　）月（　）日（　）曜日　記入者：（　）年（　）組担任、担任以外の職階（　　）氏名（　　　　）

1）各自で授業観察中に記入された付箋を以下の各観点の「よかった点」「課題と思う点」「こう改善すべき」に当たる箇所に貼り付けてください。

2）協議会での討論を聞いて考えた「よかった点」「課題と思う点」「私ならこう改善します」を以下の付箋の下や余白に記入してください。

振り返りの観点	よかった点	課題と思う点	私ならこう改善します
教師の指導技術：示範、指示や説明、補助、授業中の言葉かけ等			
必要な用具、教材・教具の準備：場づくりの工夫や板書の掲示物、学習カードの準備等			
子どもの学習の見取り：子どもの運動技能や小集団内のかかわり等			
その他：単元計画や授業の目標等			

図2　リフレクションシート

なリフレクションシートを使うなどして、自分ならばどうするかといった意識を持たせることが必要だと考えます。また、授業協議の中で対話を行っていく際に、その対話に上がってきている状況を、参加者が授業中に気づいておらず、皆に共有されないということがあります。説明によって、その状況を理解することができることもありますが、うまく理解することができなかった場合には、それぞれの省察を深めていくことが難しくなってしまいます。そのため、授業をビデオ等で撮影しておき、それらの映像による授業場面の共有といった工夫も有効だと考えます。

　また、理論を対象とした省察を行っていくうえでも、授業研究は有効に働くと考えます。先述したように、理論を対象とした省察を行っていくためには、実践への意識が重要になってきます。授業研究を進めていくうえで、授業研究の参加者は、事前の指導案検討や教材研究に取り組むことになるでしょう。もちろん、これら指導案検討や教材研究も、よい理論的な学習の機会になります。さらに、指導案検討や教材研究のために、その授業に関わる本や論文を読んだり、専門家から話を聞いたりするといった理論的な学習を行うことになると思います。これらの理論の学習は、実際の授業を意識したものであるため、理論を対象とした省察を行っていくうえで有効に働いていくと考えます。また、これら事前の指導案検討や教材研究での他者との対話は、理論を対象とした省察をより深めていくことにも役立っていくことと思います。例えば、先ほども紹介した前転の例で言えば、膝を抱えたまま回る前転のみが前転だと考え、前転は簡単な技という認識を持っていた人が、教材研究をしていく際に、膝を伸ばした前転や大きな前転を知った際には、新しく今までの知識の再構成が求められると思います。また、それらで得られた知識は、自分が授業実践をしていくうえで有効に働くものとなってくるでしょう。

　このように、授業研究という場は、教師の様々な省察を促す場であり、それらの省察を通して教師の力量を形成させることのできるとても重要な場であるのです。

【引用参考文献】

中央教育審議会 (2012) 教職生活の全体を通じた教員の資質能力の総合的な向上方策について (答申). http://www.mext.go.jp/component/b_menu/shingi/toushin/_icsFiles/afieldfile/2012/08/30/1325097_1.pdf, (参照日 2020 年 2 月 25 日)

Dewey, J. (1933) How we Think. Revised Edition, Boston:dc. Heath and Co.

石井英真 (2013) 教師の専門職像をどう構想するか：技術的熟達者と省察的実践家の二項対立図式を

超えて．教育方法の探究，16：9-16．

木原俊行（2004）授業研究と教師の成長．日本文教出版．

Korthagen, F.A.J. (1985) Reflective teaching and preservice teacher education in the Netherlands. Journal of Teacher Education, 36 (5): 11-15.

久保研二・木原成一郎（2013）教師教育におけるリフレクション概念の検討―体育科教育の研究を中心に―．広島大学教育学研究科紀要第一部（学習開発関連領域），62：89-98．

久保研二（2015）教師に求められる「省察」．木原成一郎ほか編，体育授業を学び続ける〜教師の成長物語〜．創文企画，pp.26-30．

久保研二（2016）体育授業における「リフレクション」の実態と変容に関する研究．広島大学大学院教育学研究科博士学位論文．

日本教育大学協会「モデル・コア・カリキュラム」研究プロジェクト（2004）教員養成の「モデル・コア・カリキュラム」の検討―「教員養成コア科目群」を基軸にしたカリキュラムづくりの提案―．

佐藤学（1993）教師の省察と見識：教職専門性の基礎．日本教育学会編，日本教育学年報2．日本教育新聞社．

Schön, D. A. (1983) The reflective practitioner, How professionals think in action. Basic Books.

Schön, D. A. (1987) Educating the reflective practitioner. Jessey-Bass.

1.3　教師の学習にとっての授業研究の役割

木原成一郎

■現職研修としての授業研究への国際的な注目

　レッスン・スタディ（lesson study）は、「日本の教師たちによって長年にわたり実施されてきた教師の専門的見識と技能の学習方法」（ウルフ・秋田，2008）として図 1 にあるように各国の現職研修に紹介され、その手続きは、以下のように理解されています。

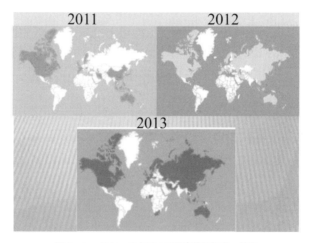

図 1　レッスン・スタディの国際的な紹介、普及
(LIM, 2014)

　第 1 に、校内の教員が協働で指導案を作成する（図 2 の「事前授業研究」）。第 2 に、校内の教師全員が参加する研究授業を実施し、参観者が教師の行動、教材、子どもの学習を参観し記録する（図 2 の「研究授業の実施」）。第 3 に、実践者と参観者の教員と助言者が参加して協議会を実施し、参観した事実に基づく感想や意見を交流する（図 2 の「協議会での感想の交流」）。これらの過程で、授業についての知識、技能、授業観、子ども観が教師の間で交流され、教師が集団的に学習することにより、共通した授業についての考え方が学校内で作り出されること

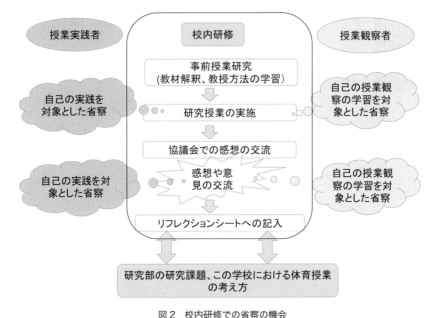

図2 校内研修での省察の機会

に注目が集まっているのです。

■省察による授業についての考え方の形成

　教師が授業に関して持つ考え方は、教師が指導した授業中や授業後にその授業を振り返ることを通して、自己がそれまで保持していた考え方の枠組みを問い直し洗練する実践的で直感的な思考、すなわち省察により形成されます。筆者は、この省察により形成された学習成果を参加者のものにするために、指導助言者として校内研修に呼んでいただく場合、先の3つの過程に加えて、協議会終了後に図2の「リフレクションシートへの記入」（リフレクションシートは、「1.2　授業の省察にとっての授業研究の役割」の「図2」参照）をお願いしています。

　校内研修としての授業研究においては、実践者と参観者は、ともに授業を振り返る省察を行っています。実践者は、例えば台上前転の授業でこれまで成功していた場づくりでうまくできない子どもの事実に直面し、これまでの経験を総動員して直感的に異なる場づくりを試してみます。そこで、実践者は自分がそれまで持っていた教材や子どもの知識を問い直し洗練することになるのです。これが、授業中の「自己の実践を対象とした省察」（図2参照）の具体例です。さらに、

実践者は、研究授業後の協議会において自己の実践で子どもがうまくできない理由や解決法の提案を参観者から聞いて、自分がそれまで持っていた教材や子どもの知識について問い直し洗練することになります。これが、授業後の「自己の実践を対象とした省察」（図2参照）の具体例です。

　また、参観者は、実践者の台上前転の授業でうまくできない子どもの事実に直面し、これまでの経験を総動員してどこに問題がありどのように場づくりや声かけを行えば子どもができるようになるかを考えます。そこで、参観者は自分がそれまで持っていた教材や子どもの知識を問い直し洗練することになるのです。これが、授業中の「自己の授業観察の学習を対象とした省察」（図2参照）の具体例です。そして、参観者は、観察した実践で子どもがうまくできない理由や解決法の提案を協議会で発言するとともに、実践者や他の参観者からの意見を聞き、自分がそれまで持っていた教材や子どもの知識を問い直し洗練することになります。これが、授業後の「自己の授業観察の学習を対象とした省察」（図2参照）の具体例です。

■授業研究における教師の学習モデル

　この省察という実践的で直感的な思考を通してリフレクションシートに記入された学習成果とは何かを考えてみましょう。Korthagen（2010）は、図3の「学びのプロセスの各局面」を提案しました。Korthagen（2010）によれば、教師は学校や教室で教える経験により、「ゲシュタルト」（gestalt）を形成します。「ゲシュタルト」とは、経験したことについての人の思考や感情、加えられた意味、活動などが一体となった区別することのできない全体とされます。例えば、体育授業を計画して指導したり、参観したりする時、教師は、運動の仕方を考え、動きのリズムやイメージを表象し、運動する時の怖いとか気持ちいいという感情や意味を感じながら活動します。これらの教師の経験の全体から体育授業の「ゲシュタルト」が形成されるのです。ところが、台上前転の授業でどうしてもうまくできない子どもがいる事実に直面したとき、教師は問題解決のために考え試行錯誤し、時には成功し時には失敗します。そういうことが続くと、教師は台上前転と開脚支持跳び越しの授業を比較したり、授業の成功や失敗の理由を説明しようとしたりします。そこでは、切り返し系と回転系という運動経過に関する概念や着手の時の頭と腰の位置の関係等の運動の要素が教師の中で整理され、ある種の体系化がなされます。この段階が「スキーマ」（schema、体系）と呼ばれます。

Korthagen（2010）によれば、「スキーマ」化された知識は、ある程度使用して時間がたてば意識しなくなり意図しなくても使用できるようになり、まるでスキーマ全体がゲシュタルトのように感じられるといわれます。この現象は「段階の格下げ」（level reduction）とよばれ、この現象により、スキーマ化された知識以外の要素に教師が注意を向ける余裕ができるというのです。

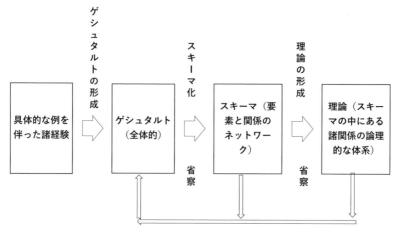

図3　学びのプロセスの各局面
(Korthagen, 2010, p.100 の図を筆者翻訳)

　さらに、Korthagen（2010）によれば、スキーマを組み立てた人は、そのスキーマの構造を説明する必要性を感じる場面にぶつかることにより、その体系を論理的に説明する「理論」（theory）を形成するようになるといいます。例えば、所属する市町村の跳び箱運動の小学校6年間の指導計画のモデルを作成する責任を任された教師は、跳び箱運動の指導内容の系統を説明するための運動技能や知識の理論が必要になるでしょう。同時に、跳び箱運動の指導内容を区分して提示するために、体育授業の目標構造を説明する理論が必要となるでしょう。

■授業研究における学習の成果

　2016年4月28日（木）に広島市立戸坂小学校で行われた校内研修としての体育授業研究を事例として、その授業研究で生まれた学習の成果について考察しましょう。

　研究授業として、教員採用後8年目で戸坂小学校の体育主任と研究主任を兼ね

ている前田心平先生が、担任学級の6年生の30名（男子18名・女子12名）を対象に指導しました。ソフトバレーボールを教材として、みんなが楽しめるゲームのルールを考えることが授業のねらいでした。前田先生は、前時の学習カードに子どもが書いた味方の間でボールがつながらない難しさを問題として取り上げ、どんなルールを設ければ、分かりやすく、全員が試合に参加できるかを子どもに問いかけました。前田先生は、味方でボールを回すためにワンバウンドしてからキャッチしてもいいことにするというルールを子どもが書いた「振り返りカード」の記述から紹介し、子どもと試合で試してみることを合意して実際に試合で試しました。しかし、実際の試合では前衛の子どもが味方にボールをパスせず、ダイレクトでネットを越えて相手に返球する攻撃が多く出てしまい、子どもたちはこのルールの修正によりゲームが楽しくなったとは考えませんでした。授業実践と協議会の詳細は、第3章の「3.5　ルールづくりに視点を当てたボール運動の学習」に掲載されていますのでご参照ください。

表1　「私ならこう改善します」のカテゴリー

私ならこう改善します			
大カテゴリー	中カテゴリー	小カテゴリー	具体的記述例
指導計画の改善		①みんなでつなぐイメージ作り ②指導計画の明確化 ③ルール作りへの提案 ④指導計画の修正 ⑤掲示物の場所	①バレーボール＝みんなでボールをつなぐ意識を持たせるために、単元の最初にボールをつなぐバレーの映像を見せるといいと思う。 ②全体の見通しが持てるようにする。 ③ルールを変更したもとで、改善したら、もとのルールへもどしていく。 ④ゲームをつくるためのポイント（1つ）…子どもの気付きから指示をする。 ⑤前時で活用した掲示物は別のホワイトボードに貼ると今回の授業で必要なことが、分かりやすいかもしれないです。
授業の流し方の改善	子どもの活動	①ゲーム中の子どもの声かけ ②役割分担	①今後アドバイスにも重点をおく。子ども同士のパスの必然性。 ②役割分担させる
	教師の指導法	①話し合いの時間の確保 ②ドリルゲームの改善工夫 ③次時の課題の持たせ方 ④ワンバウンドのイメージ作り	①全員が参加できているかを振り返る為にゲーム終了時に1分間（30秒）確認の時間をとる。ゲーム→ふりかえり→ゲーム ②ワンバウンドでもよくつなぐ練習をさせておく ③F君の「ネット下のプレーにむずかしい」との発言に対しもう少し「何がむずかしかったの」ときいて、「ネット下にボールが来たときにどう対応すればよいかを次回は考えよう」とか、せっかくのF君の発言に対しもう少し具体的に次時の予告をするとよかったのではないでしょうか。 ④練習前に効果的にイメージを持たせる。（1グループをお手本で見せる。）

表1は、協議会に参加した教師がリフレクションシートに記入した記述を1つずつ切片に分け、KJ法（川喜田，1967）を参考にして、内容の似たもの同士をまとめて分類したものです。最初にできたのが「小カテゴリー」で、それを同様の方法でまとめたものが「中カテゴリー」です。こうして「大カテゴリー」まで作りました。そして、各カテゴリーにその内容を代表するタイトルを名付けて示したものです。さらに、その「大カテゴリー」と「中カテゴリー」の関係を図示したものが図4です。

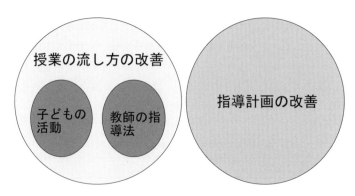

図4　「私ならこう改善します」のカテゴリー

　ここに掲載された各カテゴリーは、「授業研究における教師の学習モデル」で示した図3の「スキーマ」に相当すると考えられます。「指導計画の改善」は単元や授業の計画を改善するための枠組みであり、それを構成する小カテゴリーはその要素と考えられます。また、「授業の流し方の改善」は授業の指導法を改善するための枠組みであり、それを構成する小・中カテゴリーはその要素と考えられます。これらは、戸坂小学校の先生方が、これまでの体育授業の指導体験を基礎にして、この研究授業での実践と観察、協議会での討論における省察を経て、「スキーマ」化された知識と考えられます。

　例えば、大カテゴリーの「指導計画の改善」の中の小カテゴリー「①みんなでつなぐイメージ作り」「②指導計画の明確化」「③ルール作りへの提案」をリフレクションシートに記入した教師は、子どもの授業の事実を見とり、子どもの学びの事実に基づいて、その学びを改善するために指導計画を改善するという「スキーマ」を持っていると考えられます。この「スキーマ」を身に付けた教師は、実際の授業を計画し指導した後に、特に意識することなく、子どもの授業の事実

を見取り、子どもの学びの事実に基づいて、その学びを改善するために指導計画を改善しようとするのでしょう。

　また、大カテゴリー「授業の流し方の改善」の下位の小カテゴリー「③次時の課題の持たせ方」という「スキーマ」を身に付けた教師は、特に意識することなく、授業で発言した子どもの発話に潜む本時で指導できなかった課題を授業で取り上げ、それを次時の授業の課題として子どもに提示しようとするのでしょう。

■校内研修における授業研究による授業の考え方の形成

　校内研修における授業研究は、少なくとも各学期に1回程度、1年間に3回から4回実施されます。例えば、体育科を校内研修の授業研究の中心教科と位置付けた戸坂小学校は、2014年4月から2016年11月まで表2のように、1年生から6年生までのすべての学年の子どもを対象に、「ボール運動」の各種の運動について校内研修としての授業研究を実施しました。下線の授業が前項で分析した校内研修です。この3年間で戸坂小学校の先生方は、ボール運動領域の教材を中心にして、体育の授業に関する「スキーマ」を数多く形成することになりました。その結果、戸坂小学校の先生方の間にボール運動領域の教材を中心にして、共通の体育の授業に関する考え方が生まれてくることになりました。

表2　戸坂小学校での校内研修会（3年間の校内研修の概要）

年月	教材	実践者	指導助言者	内容
2014.4	ポートボール	全教員	大学教員	講演と単元作成ワーク
2014.7	ハンドボール（小5）	K	大学教員 指導主事	研究授業と協議会
2014.10	ボール投げゲーム（小1） オートボールを基にしたゲーム（小4） サッカー（小6）	L,M,N	大学教員 指導主事	公開の研究授業
2015.1	タグラグビー（小3）	O	大学教員	研究授業と協議会
2015.4	自ら課題を持ち、考え、学び合い高め合う学習過程	全教員	大学教員	講演と質疑
2015.7	ハンドボール（小5）	P	大学教員	研究授業と協議会
2015.11	体つくり運動（小1）（小3） ボール投げゲーム（小2） ゴール型ゲーム（小4） ボール運動（ゴール型）（小5）（小6）	K,L,M,O,Q,R	大学教員 指導主事	公開の全国授業研空大会
2016.4	ソフトバレーボール（小6）	K	大学教員	研究授業と協議会
2016.9	キャッチバレーボール（小4）	S	大学教員	研究授業と協議会
2016.11	ソフトバレーボール（小6） シュートゲーム（小1）	L,M	大学教員	公開の研究授業

毎年、全教員が参加して校内研修としての体育の授業研究を継続的に行えば、その学校の教師の間に多くの体育授業に関する「スキーマ」が形成されていくのです。そして、その「スキーマ」が学校内で共有されることにより、その学校に特徴的な体育授業の考え方が生まれてくることになるのです。

　日本の全国の各学校で行われている校内研修としての授業研究は、勤務時間の中に組み込まれる現職研修であり、基本的に学校の授業を担当する全教員が参加することになります。そこで、先生方は校内研修としての授業研究に参加することにより、集団的な学習を経て、各教科に関する「スキーマ」を形成することになるのです。この授業研究は、その学校特有の各教科の授業の考え方を先生方の間で共有させる役割を果たしています。世界各国から日本の校内研修としての授業研究に注目が集まる理由の一つが、教師の学習に果たす授業研究のこのような大きな役割にあるのです。

【文献】

Edmund. LIM (2014) Lesson Study and Its Journey: Points to consider for the journey ahead. Hiroshima University, 11 0ct. 2014.

ジーン・ウルフ・秋田喜代美（2008）レッスンスタディの国際動向と授業研究への問い．秋田喜代美ほか編，授業の研究　教師の学習．明石書店，pp.24-42.

川喜田二郎（1967）発想法．中央公論社．

コルトハーヘン：武田信子監訳（2010）教師教育学　理論と実践をつなぐリアリステイック・アプローチ．学文社．

Korthagen F.A.J. (2010) Situated learning theory and the pedagogy of teacher education: Towards an integrative view of teacher behavior and teacher learning. Teaching and Teacher Education, 26:98-106.

1.4 体育の授業研究における教師教育者の役割

岩田昌太郎

■はじめに

　教師は新任であろうがベテランであろうが経験の差に関係なく、子どもにとって常に《よい授業》を提供したいと考えています。それは、体育授業においても同じ思いでしょう。そして、《よい授業》を目指して、教師は関連の専門家たちとのつながりの中で、授業研究を充実・発展させてきた長い歴史があります。

　それでは一体、どのような機関や立場の人々が、授業研究に関与しているのでしょうか。図1は、授業研究を中心とした関連組織や従事者との関係を図示したものです。図1からも分かるように、授業研究は、多くの校内外の関係者が密に連携して実施されています。例えば、教育行政機関における指導主事は、その県や市などの学校をまわり、学校の課題や教師たちの悩みを聞き、さらに校内研修があれば教科指導等の指導助言も行います。また、大学からは外部講師／指導助言者として依頼を受けた大学教員が、新しい教材や指導法の在り方、そして実践の価値づけを最前線の学問的知見を拠り所にしながら指導助言をしています。

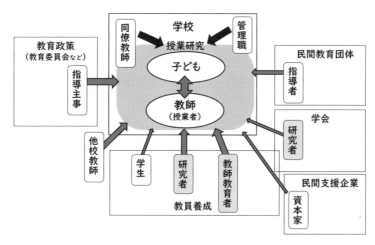

図1　授業研究を中心とした関連組織や従事者との関係

一般的に校内研修として授業研究を実施する際は、研究主任を中心として、研究授業（提案的な授業）を担当する教師を決め、実施当日にむけて同僚教師や指導主事（教育委員会からの指定校となっているケース）と授業計画を練り上げて準備をします。ただし、年間の中で《教育研究大会》と題して、校外の参加者に向けて公開的な授業提案を実施する学校も少なくありません。とりわけ、そのような公開型の授業研究となれば、先で述べたような指導主事あるいは大学教員が、外部講師／指導助言者として呼ばれるケースが多いと思われます。

　では、今、外部講師／指導助言者としての指導主事や大学教員には、授業研究に関与するにあたり、どのような役割や専門的な力量が求められているのでしょうか。そのヒントとなるのが、《教師教育者》の存在です。それでは、《教師教育者》の意味やその役割、そして《教師教育者》がどのように授業研究（体育授業を事例として）に関与していくことが可能なのか、次節以降に紹介していきます。

■なぜ、今、教師教育者なのか

　近年、欧米を中心として、国内においても教師教育者の存在がクローズアップされています。CiNii（NII 学術情報ナビゲータで論文を検索できる Web サイト）で検索してみると、2010 年以降に書かれたものを目にすることが多くなっています（例えば、小柳，2018；岩田ほか，2018）。

　さて、そもそも教師教育者とは、端的にいえば《先生の先生》ということになります。言葉の定義としては、「教員養成や現職教育、そして高等教育機関や各種学校において公式に従事している人々」（Swennen and Van der Klink, 2008, p.3）の総称です。日本でいえば、図 2 に示すような多様な立場の人々を指すことになります（岩田，2016）。ただし、日本では教師教育に従事する人々は紛れもなく実在しますが、本概念の認知度やそれぞれ異なる立場の教師教育者の役割や専門性について議論は進んでいないのが現状です（武田，2016；岩田ほか，2018）。

　ところで、欧米では 1970 年代から教師教育者の育成をめぐる政策的な議論が盛んに行われています（European Commission, 2012）。例えば、学会ベースや教師教育者自ら組織化して、教師教育者の質を担保する《教師教育者スタンダード》がすでに構築されています（藤本，2010：武田，2016）。しかしながら、現実には多くの教師教育者が、教師教育者育成プログラムにおいて力量形成に向けた支援やメンタリングをきちんと受けていない状況があるという指摘（Gallagher et al., 2011）もあります。しかも、日本では、毎日の膨大な文書事務に忙殺され、

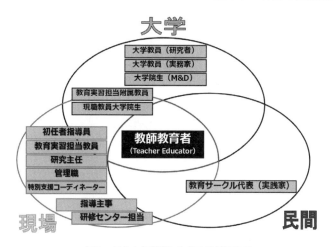

図２　日本の各機関における教師教育者

教師との関わりや研修に悩む指導主事や、大学教員になったはいいものの大学の異文化に驚きながらも、指導助言者としての役割や研究の論文化に悩むといった実態があります（草原，2018）。

　このように教育と教師の質を担保するために、教師教育者の質も連動して高めるプログラムが必須という認識は、1つの世界的趨勢になっています。それでは、具体的に教師教育者にはどのような役割が求められているのでしょうか。

■教師教育者の役割とは何か

　ルーネンベルクほか（2017）は、教師教育者の6つの役割を提唱しています。それらは、「教師の教師（teacher of teachers）」「研究者（researcher）」「コーチ（coach）」「カリキュラム開発者（curriculum developer）」「ゲートキーパー（gatekeeper）」「仲介者（broker）」の6つです。その図書の中では、教師教育者の6つの役割に即して、役割の要素やどのような行動を教師教育者がとるべきなのか、そしてそのための力量形成のポイントが整理されています。それでは、もう少し具体的な事例も含めて紹介していきましょう。

　第1に「教師の教師」としての役割です。オランダの教師教育者研究において著名なスウェネンはこの役割の重要性を指摘しています。つまり、教師たちの葛藤やジレンマに対処しながらも、教師たちの実践をサポートできる、《教師たちの中におけるモデル的な存在としての教師》といった役割です。日本では、ミド

ルリーダーとしての教師や研究主任などをイメージするとよいかもしれません。しかしその一方で、みなに慕われる存在であり続けるためには、教師教育者自らがモデリングされるような力量も大切となります。ちなみにスウェネンは、このことを「調和された教師教育（congruency teacher education）」[注1]（Swennen *et al.*, 2008）といった表現で、その重要性を説いています。

　第2に「研究者」としての役割です。授業研究を支援するときにこそ必要となるのが、この研究的な知見やアドバイスではないでしょうか。もちろん、研究者としての教師教育者は、自他の実践や新しい教材を開発しつづける研究的な視点を持つとともに、《リフレクションする力》が必要不可欠になると思います。

　とりわけ、現在、自己の実践や思考を深くリフレクションし、自己変革を目指す研究手法として「self-study（セルフ・スタディ）」（ロックラン・武田，2019）という教師教育の研究方法の一形態が流布しつつあります。このセルフ・スタディは、教師や教師教育者にとって、自らの研究を共有したり、実践を発展させたりする手法としての特徴を有しています（Ovens and Fletcher, 2014）[注2]。

　第3に、「コーチ」としての役割です。この役割の中心的なポイントは、教職課程の学生における学習プロセスを支援することです。とくに、教師教育機関や学校現場といった2つの場におけるファシリテーターとしての役割が主です。ここで教師教育者が担う「コーチ」としての重要な特性は、《目的と周辺環境》と《サポート体制》の2点が挙げられています（ルーネンベルクほか，2017，p.87）。前者では、学校現場でのファシリテーターの研究志向及び学校と教師教育機関との強い連携ができる力量が求められるとしています。一方、後者においても、そのための研修や学習者のコミュニティをいかに構築できる存在であるかが問われています。

　第4に、「カリキュラム開発者」としての役割です。高等教育機関や学校現場などにおいて、子どもや教師（学生も含む）がよりよく学習し成長する《道しるべ》としてのカリキュラムはとても重要であり、それを開発していく力が求められます。しかし、この役割に関する研究は少なく、「カリキュラム開発者」としての学校や教師教育機関での遂行に伴う思考や行動などの研究はまだまだ未開拓な点であるのが現状です。

　第5に、「ゲートキーパー」、つまり教員養成カリキュラムにおける《質保証の門番》としての役割です。これは、カリキュラムを開発するだけにとどまるのではなく、カリキュラム上の学びの履歴を評価（アセスメント）する役割を意味し

ています。例えば、筆者も、教員養成系大学に勤務していますが、学生たちが本当に教師に向いているのか、あるいは教員免許状を本当に与えてよいのかといった悩みもしばしばあります。この役割に関しては、非常に長期的な証拠の蓄積や客観的な判断が難しく、筆者自身も常に自分の中で葛藤しています。

　最後に、第6として「仲介者」の役割です。教師教育者は、開かれた大学・行政・学校といったコミュニティの連結と形成を担っています。これは、多様な人材とコミュニケーションをとり、さらに様々な課題解決のために迅速に対応し、人と人とを《つなげる》立場としての役割を意味しています。とりわけ、わが国における授業研究では、「仲介者」としての立場や役割が重要であり、校内研修や授業改善の要になってくるでしょう。校内研修における形骸化された関わり（木原, 2006）では、そこに参加する教師たちは《俯瞰的な傍観者》というネガティブな関係性しか構築できません。真の「仲介者」とはどうあるべきか、今、教師教育者がどのような助言や姿勢で教師や学校を支援し、学び高め合えるコミュニティを形成していくのか、といった大きな転換期を迎えているようにも思われます。

　以上のように、教師教育者の役割を6点紹介してきました。上述してきたように、その役割は多様かつ複雑でありつつ、教師教育者たちが教師たちに与える影響やその責任は大変重いものがあります。それでは果たして、教師教育者は、今後の体育の授業研究の中でどのような存在であり続け、そして自ら力量形成を果たしていくべきか、その展望や課題について、最後に私見を述べたいと思います。

■おわりに：体育の授業研究に関わり、活かしていく教師教育者を目指して

　写真1（次頁）は、アムステルダム市内にあるロキン（Rokin）という地下鉄駅の入り口にあるギリシャ神話のヤーヌス像をイメージした銅像です。この銅像のように、教師教育者は2つの顔（二面性）をもって体育の授業研究に臨む必要性があると思います。その二面性とは、《教育者》と《研究者》としての側面です。

　まず、《教育者》の側面に関して述べたいと思います。第1に、教師教育者は、体育の授業研究の最終的な成果を《子ども》に返していくために支援し続けるという志向を持つことが大切です。教師教育者もいわゆる教育者です。例えば、体育が嫌いだったけど頑張って克服した子、あるいは技を習得したくて一所懸命に練習している子、そして友達と涙して達成感を味わって喜んでいる子など、色々な課題への挑戦や感情表現をする子どもがいます。そのような多様な現況にある

子どもの支援や共感に向けて、教師教育者は、いかに教師とともに共感し、実践の価値づけや励ましを継続的に実施し続ける存在であるかが重要です。

写真1　教師教育者の二面性を想起させる銅像
（アムステルダム、Rokin 駅）

筆者は、うまく機能していない、あるいは《やらされている授業研究》では、教師集団の雰囲気もよくないし、本来の子どもたちの学びに直結できないと考えています。しかし、そのようなマンネリ化したような状況を打開していく第三者的な存在であるのも教師教育者の役割の1つだと考えています。

次に、《研究者》としての側面についてです。教師教育者は、体育の授業研究の成果を何で見取るのかといった研究的な視点が重要になってきます。しかし、その成果として蓄積されている実践記録や報告の多くは、当事者の視点による実践後の子どもたちのわずかなデータで分析されている傾向が強いのです。したがって、体育授業中の技術・技能の変化、子どもの記述や語りといった思考、態度の変容、そして健康や体力面といった観点など、実践記録の中に潜む子どもたちの学びを多角的に見取り、分析しながら価値づけする…そのような意味で《研究者》としての顔も必須となってきます。

その一方で、教師教育者には、自分自身の継続的な力量形成が大切になってきます。したがって、今後は、自己の実践や成長を振り返りながら研究にしていくセルフ・スタディという研究手法やアイデンティティの確立も重要になってくるのかもしれません[注3]。

最後に、体育授業の質は、体育授業を行う《体育教師》の質に依存し、体育教師の質は体育教師を育てる《体育教師教育者》の指導や支援に依存するといっても良いでしょう。したがって、日本の学校文化や伝統である体育の授業研究の充実と発展のために、体育教師教育者は体育教師たちのロールモデルとなり、先導的な役割を果たす存在であり続けることが求められています。

注1）ここでいう《調和》とは、《言行一致》を意味し、教師や学生にいうことやさせることを、教

師教育者も当然できていなければならないという解釈になります。厳密には、教師教育者に起きる first と second での理論や実践が融合かつ調和された教師教育となり、「明示的なモデリング（explicit modeling）」、「暗黙的なモデリング（implicit modeling）」、そして「正当化（legitimize）」といった 3 つの観点で教師教育を行っていくことの重要性を説いています（Swennen *et al.*, 2008）。

注 2)　今、欧米を中心に教師や教師教育者たちがセルフ・スタディを契機として教師教育改革に大きなムーブメントを起こしています。それを象徴するように、アメリカ教育学会の S-STEP というセルフ・スタディの研究部会や《Castle Conference》（お城で国際学会；https://www.castleconference. com/）といったコミュニティにより、研究の蓄積がなされています。一般的に教師のセルフ・スタディは、教師自らの実践を改善するためだけに留まることが多い傾向にあります。しかし、教師教育者のセルフ・スタディは、学者として新たな知見を生み出すために研究されなければならないともいわれています（Lunenberg *et al.*, 2011）。日本では、明治時代から続く授業研究という教師の質向上における一方策としての学校文化があります。そのため、教師自身が授業研究を通してセルフ・スタディを実践すれば、自己の力量形成に気付く大きな契機になると思われます。なお、セルフ・スタディは、自分で実施していくためでもありますが、《批判的同僚（critical friends）》といった研究の同志も必要不可欠です。

注 3)　教師教育者は、現職教師《first order》から教師教育者《second order》へ移行する際、どのような成功したキャリアを持っている人でも、数年はアイデンティティの確立に葛藤します（Murray & Male, 2005; Swennen *et al.*, 2010）。また、教師教育者《second order》からアカデミックな世界における研究者へアイデンティティが変容する場合にも、葛藤やジレンマを持ち続けます。そのような意味でも、教師教育者のアイデンティティの形成過程や危機の問題、あるいは学生や教師たちにどのような指導や支援をしていくべきなのかといった教師教育者の《ペタゴジー》（ロックラン・武田、2019）の実態といった研究も今後蓄積されていくことが求められています。

【引用・参考文献】

中央教育審議会 (2010) 大学院教育の実質化の検証を踏まえた更なる改善について（中間まとめ）．p.8.

中央教育審議会 (2012) 教職生活の全体を通じた教員の資質能力の総合的な向上方策について（答申）．p.19.

European Commission. (2012) Supporting the teacher professions for better learning outcomes. Communication from the commission. Strasbourg: European Commission.

藤本駿 (2010) 米国における教師教育スタンダード開発の動向―「教師教育スタンダード」に焦点を当てて．西日本教育行政学会，31：27-37.

Gallagher, T., Griffin, S., Parker, D. C., Kitchen, J. and Figg, C. (2011) Establishing and Sustaining Teacher Educator Professional Development in a Self-Study Community of Practice: Pre-Tenure Teacher Educators Developing Professionally. Teaching and Teacher Education: An International Journal of Research and Studies, 27(5): 880-890.

岩田昌太郎 (2016) 最近の教師教育政策．桶谷守ほか編，教育実習から教員採用・初任期までに知っておくべきこと．教育出版，pp.3-6.

岩田昌太郎・草原和博・川口広美 (2018) 教師教育者の成長過程に関する質的研究―TA の経験はアイデンティティ形成にどのように影響を与えるか―．日本教科教育学会誌，41(1)：35-46.

ジョン・ロックラン・武田信子監 (2019) J.ロックランに学ぶ教師教育とセルフスタディ　教師を教育する人のために．学文社.

濱本想子・大坂遊・草原和博・岩田昌太郎 (2019) A. Swennen と K.Smith の教師教育者の専門性開発．広島大学大学院教育学研究科紀要第二部（文化教育開発関連領域），68：45-54.

草原和博 (2018) 社会科教師を育てる教師教育者の専門性開発―欧州委員会の報告書を手がかりにして―．原田智仁ほか編著，教科教育学研究の可能性を求めて．風間書房，pp.281-290.

木原俊行 (2006) 教師が磨き合う「学校研究」．ぎょうせい，pp.14-17.

コルトハーヘン：武田信子監訳（2010）教師教育学　理論と実践をつなぐリアリスティック・アプロー
チ．学文社．

Lunenberg, M., Korthagen, F. and Zwart, R. (2011) Self-Study Research and the Development of Teacher Edu-
cators' Professional Identities. European Educational Research Journal, 10: 407-420.

ルーネンベルク・デンヘリンク・コルトハーヘン：武田信子・山辺恵理子監訳（2017）専門職として
の教師教育者―教師を育てるひとの役割、行動と成長．玉川大学出版部．

Murray, J. and Trevor, M. (2005) Becoming a Teacher Educator: Evidence from the Field. Teaching and Teacher
Education, 21(2): 125–142.

小柳和喜雄（2018）教師教育者のアイデンティティと専門意識の関係考察―Self-study, Professional
Capital, Resilient Teacher の視点から―．奈良教育大学教職大学院研究紀要「学校教育実践研究」，
10：1-10．

Ovens, A. and Fletcher, T. (2014) Self-Study in Physical Education Teacher Education: Exploring the interplay
of practice and scholarship. Dordrecht: Springer.

Swennen, A. and Van der Klink, M. (2008) Becoming a Teacher Educator － Theory and Practice for Teacher
Educators. Springer.

Swennen, A., Lunenberg, M. and Korthagen, F. (2008) 'Preach what you teach! Teacher educators and congru-
ent teaching', Teachers and Teaching,14(5): 531-542.

Swennen, A., Jones, K, and Volman, M. (2010) Teacher educators: Their identities, sub-identities and implica-
tions for professional development. Journal for Professional Development in Education, 36 (1 & 2): 131-148.

コラム1
オランダの教師教育研究 岩田昌太郎

　オランダは、《子どもの幸福度　世界1位》、しかも学力が世界の上位にランクインしていることをご存知でしょうか。それでは、なぜオランダの教育は充実しているのか。その大きな要因の1つとして、オランダは欧州の国々の中でも優れた教育を行い、各国に紹介されるような体系的な教師教育を実施している国であることが考えられます（中田，2012）。

　それでは、オランダの優れた教師教育のシステムを概観してみましょう。最初に、前提条件として、日本の教師教育とは大きくシステムが違うということです。Darling-Hammond and Liebermann（2012）の分類によれば、教師教育は①大学を基盤とするアカデミックな教師教育、②専門機関を基盤とするプロフェッショナルな教師教育、そして③学校を基盤とするプロフェッショナルな教師教育、の3種類が該当するとされています。オランダでは、大学で教える理論が学校現場であまり役に立たないことへの批判やヨーロッパにおける教師教育改革の中で、いち早く①から②や③の教師教育にシフトしました。しかし、2000年以降、③のような教師教育も批判され、理論と実践の接続を意図した研究が進められています。

　次に、そのような教育改革の要である教師教育研究について、オランダを中心とした欧米の研究動向に着目して簡潔に紹介したいと思います。第1に、「教師教育者」（第1章1.4を参照）の力量形成に力を入れている点です。これは、《先生の先生》を支援していく研究です。第2に、《リフレクション》という観点から教師や教師教育者の成長を読み取っていく研究です。この《リフレクション》研究で著名なのが、オランダの研究者である F. コルトハーヘンです。彼のリフレクション研究は、AERA（アメリカ教育学会）で表彰もされ、世界的な注目を集めました。しかも、近年、日本でも彼のリフレクション研究は広がりをみせ、その考え方や方法を学ぶためのワークショップが多く開催されています。第3に、教師、教師教育者、研究者が、ヨーロッパ教師教育協会（ATEE）で多くの研究成果の発表をしている点です。筆者が2016年にオランダに留学しているときに、ATEE での発表者の国別傾向を調べましたが、発表者の約3割がオランダ人を占めていました。教育だけでなく、研究熱心なオランダの教育関係者は、常に教育課題や問題の解決方略（策）を追究し続ける姿勢を有しているといえます。

【文献】

Darling-Hammond, L. and Liebermann, A. (2012) Teacher education around the World : Changing policies and practices. New York, NY : Routledge.

中田正弘（2012）オランダ VELON（教師教育協会）の取り組みと教師教育者の支援の現状（教育実習の質保証をめぐる今日的課題，帝京大学教職大学院年報，3：13-17.

スコットランドへのレッスン・スタディ（授業研究）の紹介
Mike Jess（木原訳）

　2013 年 3 月に木原と加登本がエジンバラ大学を訪問したことで交流が始まり、7月にはエジンバラ大学の Mike Jess 氏が来日して公立小学校の体育授業研究に参加しました。こうした交流を経てエジンバラ大学教育学部の初等体育グループは、2016年度約 100 名の小学校教員養成コースの 1 年と 2 年生を対象に、模擬授業形式の授業研究を以下のように指導しました。①模擬授業で教師役の 3 名が指導案を作成し、技能学習と認知学習と情意学習の 3 つの課題を含んだ授業を指導。②模擬授業で教師役の 3 名は、児童役の約 20 名から選ばれた 3 名の事例学生を授業中に観察。③模擬授業で観察役の 3 名の学生が教師役の授業を観察。そして、模擬授業後の協議会では事例児童役の 3 名と、観察役の学生 3 名が授業について発表し、これを踏まえて参加者が振り返りを行いました。結果として学生は、指導案を作成する時に、新しい用語が多くてついていけなかったといいます。また、学生の指導案は技能課題が高度すぎたといいます。そして、教師役の学生にとって、教えながら児童役の学生を観察することも難しかったそうです。

　翌 2017 年度には、体育コースを選択した小学校教員養成コースの 4 年生 10 名を対象に、小学校での短期教育実習で授業研究が実施されました。大学で授業研究のオリエンテーションを受けた後、学生は小学校で体育専科教師と一緒に指導案を作成しました。その後学生は授業を実践し、授業後に体育専科教師と授業の協議会を行いました。さらに、大学で体育専科教師と一緒に改善した指導案を作成しました。そして、改善した指導案でもう一度小学校で授業を実践した後、大学で授業研究の経験について発表しました。学生は、このプログラムについて次のように回答しました。①最初に実際の教師の体育授業を観察したことはモデルとして効果的であった。②実習生同士や体育専科教師と指導案や実践や振り返りについて協議したことが有効であった。③自分たちが受けてきた指示と説明中心の教え込み型の体育授業が学校で存続していることに疑問を持った。

　スコットランドで初めて実施された体育のレッスン・スタディ（授業研究）の今後の発展が期待されます。

【文献】

Mike Jess (2018) Positioning Lesson Study within Primary Physical Education Teacher Education in Scotland. AIESEP World Congress Handout, 26-28 July 2018.

コラム 3
シンガポールのレッスン・スタディ　　嘉数健悟

　シンガポールにおけるレッスン・スタディは、2004 年頃から National Institute of Education（シンガポールにおける唯一の教員養成・現職研修を行う機関；以下、NIE）の Chris Lee 氏（World Association of Lesson Studies 前会長；以下、WALS）が中心となって進めており、研究が進められています。また、2009 年の 9 月には、Ministry of Education（以下、MOE）のトップがレッスン・スタディを実践することの必要性についてスピーチをしたことも要因といわれています。さらに、Chris Lee 氏はシンガポールにおけるレッスン・スタディを広く周知するために、2012 年にシンガポールで WALS を開催し、シンガポールのレッスン・スタディに関するシンポジウムも開催しています。これらシンガポールにおける一連の流れが、シンガポールにおいてレッスン・スタディを大きく普及させる契機となったようです。特に、シンガポールの個別的な教師文化を変えるために Chris Lee 氏が多くの学校でレッスン・スタディを実践し、教え子とともに研究を行ったこと、シンガポール人が実用主義的で効率を重視するという人種であるということが影響したと考えられています。その結果、現在では、シンガポールの多くの学校で教師の力量形成の方法論の一つとして、レッスン・スタディが実施されるようになっています。

　体育に関するレッスン・スタディに関して言えば、その実施率が高いとは言えないようです。一方で、シンガポールでは、MOE の組織として Physical Education and Sports Teacher Academy(PESTA) があり、NIE との強い連携のもと体育教師の力量形成に関する研修を行っています。そこでは、お互いの実践をシェアしたり、初任者（3 年目まで）に対する指導・助言などを実施しているようです。

　ちなみに、シンガポールにおけるレッスン・スタディの特徴の 1 つとして、いくつかの初等学校（6 年制）や中等学校（4 〜 5 年制）、ジュニア・カレッジ（中等学校卒業後の教育機関の一つで、日本で言う短大とは異なる）などが 1 つにまとまり、校種の枠を超えて授業実践に関する研修を行っていることが挙げられます。

第2章

授業研究の準備としての
教員養成

　イギリスの中等学校教師の教員養成は、3年間の学士課程を卒業後、1年間の学卒後免許課程（Postgraduate Certificate of Education course, 以下 PGCE と略す）で長期の教育実習を履修して教員免許が授与される場合が多いです。Lamb（2015, 2016）は、中等学校の体育教師を養成する PGCE コースの教育実習生を対象に、2名のペア（学生 A と学生 B）で行う授業研究を実施しました。このコースの教育実習生は、3週間の短期教育実習と 15 週間の長期教育実習を履修します。同じ学校に配属された学生 A と学生 B は、15 週間の長期教育実習で、以下の授業研究を行いました。1.共同で研究授業の指導案を作成。2.学生 A が実践する研究授業を学生 B が参観し記録。3.研究授業後に協議会を開催し、記録に基づき授業の効果や生徒の学習の成果を確認。4.最初の指導案を改善し、改善された指導案に基づき学生 B が授業を実践。彼らは立場を変えてこれを2回繰り返しました。

　Lamb（2015, 2016）は、このペアでの小規模な授業研究が、次のような教育実習生の成長を生んだと報告しています。1.実習生の反省的な実践を促し、実習生が自分の授業実践を知ろうとする態度を生み出した。2.教科の知識を獲得し指導案を作成し学習者のニーズを理解することにより、実習生は友人から学ぶことで授業に自信を持った。Lamb（2015, 2016）は、教育実習生がペアで授業研究を行うことが、将来の教師に求められる同僚性育成の準備であると述べています。

　欧米の学校には同僚の間で授業を参観しあう文化や伝統が見られません。そこで、欧米では学校での職場に教師の学習共同体（learning community）を形成するための協働学習（collaborative learning）を実現する準備として教育実習における授業研究の効果に注目が集まっているのです。同様に、我々が大学で指導している模擬授業や教育実習での授業研究は、学校で授業研究を実施する教師に求められる資質・能力を準備するための学習を意味しているといえるでしょう。

【文献】

Penny Lamb (2015) Peer-learning between pre-service teachers: embracing Lesson Study. International Journal for Lesson and Learning Studies, 4(4): 343-361.

Penny Lamb (2016) Exploring the relationship between reflexivity and reflective practice through lesson study within initial teacher education. International Journal for Lesson and Learning Studies, 5(2): 99-115.

2.1 初等教員養成における模擬授業の実際

加登本　仁

■小学校体育科に関する授業科目の概要

　本節で紹介するＳ大学教育学部では、小学校体育科に関する授業科目として、「教科に関する専門的事項」を「初等体育科内容学」（1年次：1単位×2）、また「各教科の指導法（情報機器及び教材の活用を含む。）」を「初等体育科教育法」（2年次：2単位）として開設しています。吉崎（1988）の「授業についての教師の知識領域」に当てはめると、各授業科目のねらいは、次のように示すことができます。

　1年次の「初等体育科内容学」では、実技を通して、小学校体育科で扱う各運動領域に関する「教材内容の知識」を学修することを主な目標としています。2年次の「初等体育科教育法」では、よりよい体育授業づくりを行うための基礎的な知識及び技能を修得することや、小学校学習指導要領の変遷を手がかりとして体育科の目標・内容・方法・評価について理解すること、及び模擬授業を通して体育授業の計画（Plan）―実施（Do）―評価（Check）―改善（Action）の一連のサイクルを仲間と協働で取り組むことを目標としています。図1のように、「初等体育科教育法」で行う模擬授業は、「初等体育科内容学」で学修した「教材内容についての知識」と、模擬授業前に講義等を通して学修する「教授方法についての知識」を融合させて行う活動といえるでしょう。模擬授業は教師役や児童役を大学生同士で行うため、「児童生徒についての知識」は、その後の教育実習等で身に付けることになります。

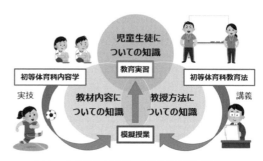

図1　Ｓ大学教育学部の小学校体育科に関する
授業科目の概要
（吉崎，1988，p.13を参考に筆者作成）

■初等体育科教育法の授業構成

はじめに、「初等体育科教育法」全 15 回の授業内容を表 1 に示します。

表 1　「初等体育科教育法」の授業構成

回	授業テーマ・内容
1	オリエンテーション・グループ分け・模擬授業の進め方
2 〜 5	体育科授業における教授技術、指導計画、教材・教具論 学習指導案の作成と修正
6 〜 9	模擬授業の実施とふり返り①②③④
10 〜 12	体育科授業の評価論、単元を見通した指導と評価の計画
13 〜 15	学習指導要領の変遷
	試験

次に、模擬授業の実施前、模擬授業の期間中、模擬授業の実施後に分けて、授業の実際を紹介します。

○ゴール・イメージの共有による学修意欲の喚起

第 1 回目の授業では、過去に先輩が取り組んだ模擬授業のダイジェスト映像を視聴させています。これにより、「2 年生でもここまでできるのか」「自分たちもやってみたい」という動機付けになり、教える立場への心構えができます。

○学習指導案の添削と修正

グループ分けの後、自分たちの班が模擬授業でどの運動領域を実施するかを決めたら、授業外の時間も活用して学習指導案の作成に取り組みます。班で 1 つ学習指導案を作成し、模擬授業 1 週間前までに教員に提出し、添削を受けます。添削では、体裁についての指摘もしますが、授業計画の意図が伝わるように詳しく書き直すことを要求します。一度考えて終わりではなく、考え直す作業にこそ授業改善の思考が働くことを実感します。教員からの添削に応えた学習指導案を提出して、いよいよ模擬授業本番を迎えます。

○全員教師役を条件とした模擬授業の実施

模擬授業では、《全員が必ず教師役をすること》を条件としています。45 分の

　模擬授業の中で、10名程度の教師役グループで担当する授業場面を分担し、1人あたり3〜5分程度、児童役の前に立ち教師として指導します。模擬授業の仕方については様々な考え方がありますが、代表者1名が教師役をするのでは役割意識が曖昧となり、代表者以外の受講生の学修意欲や学修経験を保証することができません。《全員が必ず教師役をする》ことで、受講生全員が役割と責任感を持ち、意欲的にグループの話し合いに参加する必然性が生まれると考えています。

○リフレクションと経験の言語化

個人リフレクション

集団リフレクション

教員からのコメント

全体リフレクション

　90分の授業のうち、前半45分の模擬授業が終わると、後半の40分程度を使って、個人リフレクション（反省カードへの記入）→集団リフレクション（グループでの意見交換）→全体リフレクション（意見の集約と発表）→教員・TAからのコメントという流れで、実施された授業に対する振り返りをしています。教師役、児童役、観察役という様々な視点から反省点を出し合い共有することを4週間続けます。そうすると、授業について振り返る視点が増えたり、反省点が次の授業の準備に活かされることを実感したりすることができます。

　4週間の模擬授業が終了した後は、教師役、児童役、観察役それぞれの立場を経験してみて感じたことや考えたこと、加えて自分自身の今後の課題について記述する総括レポートを課しています。これにより、経験を言語化し、学修したことを振り返って次につなげる「深い学び」が実現できると考えています。

○単元を見通した指導と評価の計画（単元構造図の作成と発表）

　模擬授業後の講義では、実施した授業計画をもとにグループで単元構造図の作成に取り組みます。単元構造図の作成は受講生４〜５名のグループで行い、小学校学習指導要領解説に示された該当学年、領域の指導内容（知識・技能、思考力・判断力・表現力等）を付箋紙に書き出し、単元を通してそれらの指導内容を適切に扱っているかを吟味しながら、単元を見通した指導計画を個々にワークシートに下書きし、それをグループで検討します。

　また、模擬授業の経験で得た個々の反省点や改善意見を交流し合い、単元レベルでのよりよい指導と評価の計画を模造紙に清書します。さらに、清書した単元構造図を大講義室の壁に貼り、受講生が他の受講生に対して指導計画の意図や工夫点をプレゼンし、他の受講生は、大講義室内を移動し、壁に貼られた模造紙を閲覧し相互にコメントし合うといった「ワールドカフェ形式」の発表会を実施しています。

　これらの工夫により、教育実習を控えた受講生に対して、１単位時間レベルの知識だけでなく、単元を見通した指導と評価の計画についての知識を身に付けさせることができると考えています。

○授業研究の準備としての模擬授業

　本節で紹介した模擬授業の展開では、仲間と授業計画について話し合い学習指導案を作成することや、学習指導案を添削してもらい修正すること、授業を観ることや授業を観てもらうこと、気づきを伝え合うことや気づきを次の授業に活かすことなど、教師になってから同僚とともに行う校内授業研究会さながらの活動が行われています。大学の授業でも、教材内容や教授方法についての「知識」だけでなく、教師としての「学び方」も学修していると考えることができます。

【文献】
吉崎静夫（1988）授業研究と教師教育（1）―教師の知識を媒介として―．教育方法学研究，13：11-17.

小学校教員養成における教育実習の実際

村井　潤

■小学校教員養成における教育実習の特徴

　小学校教員と中学校・高等学校教員の職務の大きな違いとして、担当する教科の違いが挙げられます。すなわち、小学校教員は音楽などの専科教員がいる場合を除き、すべての教科を担当するのに対して、中学校・高等学校教員は、自分の専門教科を担当します。この担当教科の違いは、教育実習に大きな影響を与えます。その影響とは、小学校教育実習においては、すべての教科の授業実習を行うわけではなく、また、各教科の担当時数も非常に限られたものになるということです。

　体育科の授業に注目してみると、ある国立大学の附属学校に配属された実習生33人のうち、指導教員の授業は全員が観察していますが、授業実習を行ったのは26人（78.8％）でした。この数字を見ると比較的多くの学生が授業実習を行っているように見えますが、担当時間数は、そのほとんどが1時間にとどまっています（村井，2015）。また、ある私立大学の学生は、小学校教育実習を履修した111名のうち、授業実習を行ったのは27名（24.3％）、実に84名（75.4％）が授業実習を行っていませんでした（村井，2013）。

　その意味において、小学校教育実習においては、担当しない教科などの力量をいかにして身に付けていくかが重要になります。そこで重要になるのが、同じ学校・クラスに配属された友人（同僚）や、配属校の指導教員、所属ゼミの大学教員などとの関係性です。

■実習中の人間関係

　図1に示すのは、実習生から見た実習中の人間関係を模式的に示したものです。実習生の周りには、まず同じ学校に配属され、同じクラスに配属になる実習生と、他のクラスに配属される実習生がいます。そして、配属クラスには自分を指導してくれる指導教員がいます。配属校を離れた時には、同じ大学で他の学校に配

属された実習生と連絡を
取ることもあり、休みの
日には所属大学のゼミ指
導教員に連絡を取ること
もあるでしょう。もちろ
ん、配属校の校長などと
も関係をもちますが、特
に関係が深いのが上記の
人たちです。

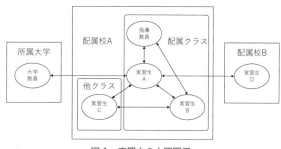

図1　実習中の人間関係

　これらの人間関係が、実習生の授業研究にどのように影響を与えているかを考
えてみましょう。

■教育実習中の実習生の活動

　実習生を取り巻く人間関係は多様な状況がありますが、ここでは、教員養成系
大学の附属小学校で行う実習を検討してみます。

　教員養成系大学の附属小学校には、いわゆる母校実習とは異なり、非常に多く
の実習生が配属されることになります。したがって、各クラスに複数の実習生が
配属されることとなり、実習生同士の関係が非常に密になります。

　授業実習に関することに限定して考えてみると、授業の計画段階では、各クラ
スの実習生全員が、単元計画について理解し、自分の担当する時間で何をどこま
で指導するかを綿密に計画する必要があります。授業の実施段階では、授業を行
う実習生は、単元計画に従って過不足なく指導することが求められます。これは、
授業の進度が計画と狂うと、それ以降の実習生が指導案を書き直さなければなら
なくなるためです。一方で、授業を観察している実習生は、他の実習生が行って
いる授業において、子どもの様子や教師のつまずきなどを観察し、自分自身の授
業実習に備えます。そして、授業の振り返り段階では、授業後の協議会において
授業を実施した実習生は実践の当事者としての反省を述べ、観察していた実習生
は、客観的な意見を述べます。この協議会で異なる状況に置かれた実習生が議論
することは、実習生の教師としての力量形成に大きな役割を果たします。なぜな
ら、協議会において授業者と観察者が発言する内容は異なる傾向にあり、お互い
が意識していなかった意見を交流することになるためです。

■授業協議会での実習生による発言の多様性

　それでは、授業協議会で授業を実施した実習生と観察した実習生の発言内容にはどのような違いがあるのでしょうか。

　村井（2015）の調査によれば、実習生が協議会において発言した内容は、「授業の印象」「指導案」「授業の目標」「授業の道具」「場の設定」「教師」「運動・教材」「子ども」「実習生として」「教師として」「問い直し」という 11 項目に分類されています。特に「教師」については、全体の発言数の 55.5％を占めるなど、実習生は「教師」について意識を向けていることが示されました。また、「教師」に含まれる項目には、「教師の活動」「指示」「説明」「指導」「授業の掌握」「授業の技術」が挙げられ、「指導」が「教師」に含まれる発言数の 51.9％を占めていることが示されています（図2）。

　そして、それらの項目の発言総数に対する比率について、「教師」については授業者の方が発言する比率が高く、「授業の道具」については観察者の方が発言する比率が高くなっています。また、「教師」に含まれる項目については、「授業の技術」については授業者

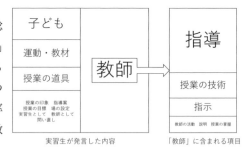

図2　協議会における実習生の発言内容

が、「指導」については観察者の方が高い比率を示しています。

　このように、授業を実施した実習生と観察した実習生は、授業協議会で発言する項目はおよそ同じといえますが、発言の比率を比較すると、授業をとらえる焦点が若干異なっているといえます。授業をとらえる焦点が異なり、授業協議会で発言する内容が異なれば、授業者と観察者はお互いに自分が思い至らなかった内容について意見を交わすことになります。この意見の交流を行うことができれば、授業研究の第一歩を踏み出すことができたということができるでしょう。

■指導教員の指導の実態

　このように、授業協議会において、授業研究の第一歩を踏み出した実習生たちを指導するのが、配属校の指導教員です。指導教員は実習生の様子を授業計画の段階から授業実習、協議会を通して観察、指導しています。授業協議会において、

指導教員は授業の事実を観察しながら、子ども理解とそれに基づく指導の在り方や、細かな教授技術などの具体的な修正案を指導しますが、それと同時に、授業や教育についての見方や考え方についても指導しています。

　村井ほか（2011）によれば、教育実習の指導教員は、実習生や子どもの活動、教材理解などの授業の実態をしめす「授業の実態」「実習生の活動」「子どもの実態」「教材の理解」という4つの項目と、一般的な教師としての考え方や実習生や指導教員の考え方を示す「教師としての考え方」「実習生の考え方」「指導教員の考え方」という3つの項目について指導しています。

　先に述べた実習生の発言内容と比較してみると、後者の「考え方」に関わる3つの項目は、実習生の発言にはあまり含まれていません。授業や教育などに対する自身の考え方を明確にして授業に取り組むことは、教師として独り立ちするために必要なことであると考えることができます。教師としての先輩である指導教員は、実習生の力量形成のための次の一歩を考え、実習生に対する問いかけを行っていると考えることができるのです。実習生は指導教員との関わりを通して、授業研究において次の一歩を示してくれる先輩の必要性を実感することでしょう。

■授業研究の力量形成としての教育実習

　実習中の人間関係として示した図1の「実習生」を「教師」と「同僚」に、「指導教員」を「熟練教師」に、「クラス」を「学年」にして捉え直してみると、この図を小学校教師の人間関係として捉えなおすことができます。現職の小学校教師は基本的に一人で1つのクラスを担任するため、最小の教師集団が学年団になります。同僚教師と議論をし、熟練教師からアドバイスを受け、時に大学教師や他の学校の教師から意見をもらいながら授業について探求していくことは授業研究そのものです。その意味において、教育実習は、教員養成という枠組みの中で行われる授業研究の絶好の機会であるということができるのです。

【引用参考文献】
村井潤・木原成一郎・大後戸一樹（2011）小学校教育実習における指導の特徴に関する研究：実習生の実態を踏まえた反省会での指導に着目して．体育学研究，56(1)：173-192．
村井潤（2013）小学校教員養成における体育科関連科目の改善に関する事例研究—協力校実習における体育科授業実習の実施状況を視座として—．教育学研究論集，8：43-48．
村井潤（2015）小学校教育実習の授業協議会における実習生の発言内容に関する事例研究．体育学研究，60(1)：249-265．

中等教員養成（開放性による教員養成）における模擬授業の実際

嘉数健悟

はじめに

　教員養成は、教師としての長いキャリアのプロセスにおけるファーストステップだと言われています（Flores, 2016）。この指摘を踏まえるならば、現職研修の1つとして授業研究が多く実践されているわが国では、教員養成もその準備段階としての役割を担っていると考えられます。そこで、本節では体育授業の授業づくりについて初めて学修する「保健体育科教育法Ⅰ」を取り上げ、中等教員養成における模擬授業の実際について述べたいと思います。

■「保健体育科教育法Ⅰ」の講義について

　A大学では、中学校、高等学校の保健体育科の教員養成を行っています。そのため、「教科及び教科の指導法に関する科目」として、「保健体育科教育法Ⅰ〜Ⅲ」と「保健体育科指導法」の計4科目が設置されています。この4科目のすべてにおいて、模擬授業が実施されていますが、その目的や内容、実施方法が異なっています。その中で、「保健体育科教育法Ⅰ」では、保健体育科の変遷過程を踏まえた目標、内容の系統的発展性、学習指導の方法論（基礎的教授技術）、学習指導案の作成（体育授業設計能力）のポイント等について講義を行った後、グループ（3名〜5名）による模擬授業（30分）を実施しています。とりわけ、「保健体育科教育法Ⅰ」は、体育授業の授業づくりについて初めての学修科目であるため、学生が保持している体育授業についてのイメージや目指す体育授業、つまり体育授業観をゆさぶることを目指しています。

■中等教員養成における模擬授業

○学習指導案の検討

「保健体育科教育法Ⅰ」では、模擬授業の実施の1週間前までに最低でも1回以上、事前の学習指導案の検討をグループメンバーの全員と担当教員で行う事を義務付けています。なぜなら、ほとんどの学生はこれまで受けてきた体育授業のイ

メージをそのまま授業として構想し、ネットや本、雑誌等から「そのまま」の材料を学習指導案に移してくることが多く、「なぜ、この目標を立てたのか」「なぜ、その教材なのか」など、自分なりの根拠をもって授業を作っていないことが多いからです。そのため、学習指導案の検討においては、①授業の目標とその達成を目指す授業の山場はどこか、②なぜその教材や教具を選択したのか、を中心に議論を行い、学生たちが構想した授業の意図を説明できるような手立てを行っています。とりわけ、実際の検討会では「なぜ」という質問を繰り返し、学生がこれまで受けてきた体育授業を通して保持している授業に対する考えを議論することで、授業観をより明確にすることを意図しています。

　視点を変えると、学習指導案の検討は、授業研究の計画段階において同僚教員や外部指導者等との他者との対話（お互いの授業観の共有）によって授業の焦点を絞っていく過程に近いと考えられます。

○授業の実践（模擬授業）

　模擬授業は、30分のマイクロティーチングで実施しています。Tsangaridou（2008）や嘉数（2013）は、大学の授業や授業実践を通して学んだことが学生の授業観の形成にとって重要な役割を担っていることを指摘しています。また、嘉数・江藤（2014）では、授業を通して学生の保持する授業観に変容はないものの、もともと保持している授業観を強化することを示唆しています。

　つまり、模擬授業を実践することは、これまでの経験を通して無意識的に獲得してきた体育授業のイメージや体育授業観をゆさぶることにつながると考えられます（海野，2010）。そのため、模擬授業では、必ず全員が教師役として、生徒の前に立ち一人で指導をするという場面を設定しています。その意図は、学習指

教師役　　　　　　　　　　　　　　　　　　　　　　順番を待つ教師役

導案の作成段階からグループの全員が授業づくりに関わっているため、授業の実践や振り返りまでを一人一人が自分事として捉えながら授業に臨んでもらうためです。

○模擬授業後の検討会

　模擬授業後の検討会では、単元全体の構想やその中における本時の授業の意図は何かを説明し、生徒役の学生と議論する事を中心に行っています。具体的には、学習指導案の検討会と同様に、①授業の目標とその達成を目指す授業の山場について、②なぜその教材や教具だったのか、を中心として「私ならこうする」や「私はこう考える」という視点から議論をするようにしています。その際、個人での振り返りとグループでの振り返りを行ってから、全体での振り返りを行っています。先述した様に、「保健体育科教育法Ⅰ」は、体育の授業づくりについて初めて学修する科目であるため、まずは学生一人一人が自分の考える体育授業についてイメージした上で、議論するようにしています。

個人での振り返り

グループでの振り返り

○模擬授業後の指導（模擬授業後の授業構想のプレゼンテーション）

　模擬授業後は、授業の振り返りのレポートと修正した学習指導案の提出を義務付けています。同時に、修正した学習指導案の内容について、一人当たり5分を上限とした授業構想のポスタープレゼンテーションを実施しています。その後、発表者と

ポスタープレゼンテーションの様子

参観者が 15 分〜 20 分の質疑を行っています。このポスタープレゼンテーション
は、模擬授業の検討会と同様に、他者との議論を通して、学生がイメージしてい
る体育授業をより具体化し、再構成するために実施しています。多くの場合、模
擬授業後の振り返りを行った後にそれがどのように自分の授業づくりに反映した
のか、どのように自分の考えが構成されたのかまで問われていないことが多いた
め、その発表の場としても位置付いています。

■まとめ

　A 大学では、「保健体育科教育法Ｉ」において、体育の授業づくりについての
基礎を学んだ後に、模擬授業の計画から実践、振り返りまでの一連の過程を通し
て、学生が保持している体育授業観を具体化していくことを目指しています。そ
のためには、模擬授業の計画段階や模擬授業後の検討会における他者の関わりが
必要であると考えています。

【文献】

Flores, M. A. (2016) Teacher Education Curriculum. In J. Loughran, M.L. Hamilton (eds.), International Hand-
　book of Teacher. Singapore : Springer, pp.187-230.

海野勇三（2010）第 5 章　実践的指導力を育むための実践事例．5-1　自己の体育授業観を問い直す
　教科教育法の試み（山口大学での実践）．木原成一郎ほか編，教師として育つ―体育授業の実践的
　指導力を育むには―．明和出版，pp.44-49.

嘉数健悟（2013）教員養成段階における体育授業観の様態に関する事例研究―教育実習を中心にして
　―（学位論文）．広島大学：1-71.

嘉数健悟・江藤真生子（2014）体育教師志望学生の授業観の様態に関する研究―「教科の指導法に関
　する科目」の授業前後に着目して―．九州体育・スポーツ学研究，28(2)：1-11.

Tsangaridou, N (2008) Trainee primary teachers`beliefs and practices about physical education during student
　teaching. Physical Education and Sport Pedagogy, 13(2): 131-152.

私立大学・一般学部（中等教員養成）に
おける教育実習の実際

中川麻衣子・川口諒

■私立大学・一般学部における教員養成の実態と課題

　文部科学省（2019）によると、令和元年度の採用者の中で「一般大学・学部」
出身者の割合が小学校 60.2％、中学校 64.7％、高等学校 63.7％と、いずれも最も
高い割合となっていることが報告されています。つまり、我が国における教員の
確保という視点にたつと、今日の私立大学・一般学部における教員養成は重要な
役割を担っているといえます。しかし、その議論は、教育系学部を念頭に置きが
ちであり、私立大学・一般学部や大学全体としての教育力に着眼した言及はほと
んどありません（森田，2016）。つまり、《大学での教員養成》において、異なる
実態を持つ大学が、教員養成の実態を相互に議論する機会が極めて少ない傾向に
あります。

　ところで、私立大学・一般学部について、同一都道府県内をはじめとする近隣
の学校において教育実習を行うという、いわゆる《母校実習》についてはできる
だけ避ける方向性での見直しが求められています（中央教育審議会，2006）。し
かし、現在も、母校での教育実習が継続されている現状があります。一方で、教
員養成系大学・学部では、附属学校での教育実習が可能であるため、各大学の教
育実習の充実化に向けた附属学校と大学との連携や、大学のカリキュラム及び実
習内容の改善等の取組みが続けられています（林ほか，2011）。教員養成系大学・
学部は実習校との連携が緊密に図られていますが、私立大学・一般学部では、母
校実習に限らず、近隣の協力校での教育実習においても、実習校への遠慮もあり、
実習内容は実習校に一任している現状が多くみられます（佐藤，2010）。

　このように、大学が実習校に一任している状況である私立大学・一般学部の教
育実習の実際を明らかにすることが、大学と実習校の連携を図っていくための一
歩となるといえるでしょう。

■私立大学における教育実習の実態：私立 X 大学を事例として

　私立大学における中学校・高等学校における保健体育科の母校実習の実態を

《教育実習報告書》を手がかりとして紹介していきます。ここで着目する《教育実習報告書》とは、教育実習生（以下、「実習生」と略す）が教育実習を振り返って作成した報告書であり、実習生が教育実習を通して学んだことや印象に残ったことを記録したものです。ただし、教育実習におけるすべての経験や出来事を記載しているものではありません。そこで、教育実習報告書の内実を具体的に分析してみると、一般大学・学部における母校実習、特に保健体育科の教育実習の実態や課題について、次の２点の特徴的な報告書がみられました。

　１点目は、記述の多くが、教科の授業実習に関する内容である報告書です。具体的には、実習生の授業実習の振り返りとともに、教育実習指導教員からの指導・助言等も詳しく記述されている報告書です。さらには、実習生が行う授業実習だけでなく、実習校の教員や他の実習生の授業実習の観察を行う内容も散見されました。また、報告書の中には、３週間で20回以上の保健と体育の授業実習を行っている事例もみられました。したがって、母校実習においても授業研究を中心とした実習生たちの学びがあることがわかりました。

　２点目は、記述の多くが、教科の授業実習以外に関する内容である報告書です。具体的には、教育実習期間中に経験した《体育大会》といった学校行事に関する学びが中心となる報告書です。教育実習期間中にこれらの学校行事が実施される場合、保健体育科の授業がそれらの練習や準備として位置付けられた時間となることがあります。したがって、保健体育科の実習生は、それらの体育的行事の準備や練習を多く経験していることがわかりました。

　このように教育実習報告書において、その実態を整理すると以下の課題がみえてきます。第１に、教育実習における授業実習回数は具体的に定められておらず、教育実習を受け入れる学校の裁量によって決定されている傾向が多いということです。特に、保健体育科については、保健分野・科目保健と体育分野・科目体育からなることや、さらに、中学校の教育実習では道徳も加わることを考えると、授業実習の回数だけでなく、その内容も多様である実態が窺えます。

　第２に、保健体育科は、体育的行事を中心とした授業実習が求められる傾向が強いということです。《体育大会》や《スポーツ大会》等の学校行事は保健体育科教師が中心となり、その練習や準備が行われることが多いです。したがって、その期間に、教育実習が実施される場合は、体育的行事を裏側から支えるということを経験する貴重な機会であるといえるでしょう。しかし、このような期間は、他教科とは異なり、保健体育科の授業そのものが、体育的行事の練習や準備の時

間に振り替えられることも多く、実習生が体育や保健の授業を行う機会が少なくなってしまう可能性があります。そのため、体育的行事に関する学びがある一方で、保健体育科の授業実習の機会を十分に保証できているかという点は、疑問が残ります。

　このように、中学校・高等学校における保健体育科の母校実習では、それぞれの学校現場でしかできない貴重な学びを得ることができます。しかし、その学びの差はあまりにも多様であり、特に授業実習に関する実践の機会があるものの、教科指導の質をどの程度保証できているのかは不明瞭な点が多いのです。したがって、実習生が教育実習における目標をもち、その目標に沿った学びを構築していくことはもちろんのこと、大学側の積極的な関わりが必要であることは、いうまでもないようです。

■私立大学・一般学部における教育実習の充実にむけて

　このような現状は、教育実習を実習校に一任していることによる弊害だと考えられます。しかし、大学は、実習校と連携を密にして協同的に教育実習を実施することが求められています。

　他方、個々の学生の履修履歴に応じた指導の必要性についても指摘されています（中央教育審議会，2006）。私立大学・一般学部における協力校や母校での教育実習では、それぞれの大学・学部によって学びの背景が異なる学生を受け入れることとなります。そのため、実習生がこれまで大学でどのようなことを学び、教育実習でどのようなことを身に付けなければならないかを把握することが重要となります。そのために、《ポートフォリオの活用》が有効であると考えられています。久保ほか（2014）は、教育実習前の保健体育科の指導法の授業科目において、ポートフォリオを活用した授業の振り返りを行っており、教育実習においても、ポートフォリオを活用することで、指導教員から個々の実習生に応じた指導につながる可能性を示唆しています。

　このように学びの履歴をポートフォリオにまとめて、実習校の指導教員と共有することで、指導教員が担当する実習生の学びの履歴を確認し、実習生と指導教員が協同的に教育実習の目標を明確にすることができるでしょう。また、大学として求めたい実習内容をもとにしたポートフォリオを作成することで、実習校への実習内容の提案につながり、ポートフォリオの活用は、教育実習の事前・事後指導の充実にもつながることが期待されるでしょう。

　これは大きな一歩とはいえませんが、大学と実習校との連携を進めていく足がかりとして取組むことが可能だと思います。教育実習の充実に向けて、教育実習の制度的な問題や大学と教育委員会との連携での問題など、大きな問題点を解決していく必要があります。しかし、実習担当の大学教員や実習校の指導教員、または、実習生がより充実した教育実習にすることも可能でしょう。

　また、各大学が特色のある教育実習を実施していくことが求められています。しかし、それぞれの立場で区別して考えていくだけでなく、それぞれの立場を超えて教育実習を充実させていくために共通の課題として取り組んでいくことが必要となるでしょう。そのためには、教育実習担当の大学教員が、各大学における教育実習の実態を研究論文として公表し、各大学が横断的に課題を共有することが求められるのではないでしょうか。

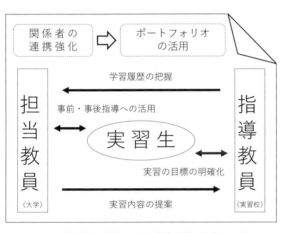

図1　一般大学・学部における教育実習の充実にむけて

【引用・参考文献】
林武広・神原一之・秋山哲・奥野正二・樽谷秀幸・松前良昌・川口浩（2011）教育実習指導の効果に関する研究（1）―附属東雲小学校および同東雲中学校における実習生の意識変容に基づく検討―．広島大学学部・附属学校共同研究機構研究紀要，39：81-86．
久保研二・木原成一郎・岩田昌太郎（2014）教員養成課程の体育の授業科目におけるポートフォリオ活用に関する一考察―学生と大学教員の振り返りに着目して―．体育科教育学研究，30(2)：13-23．
文部科学省（2019）令和元年度（平成30年度実施）公立学校教員採用選考試験の実施状況のポイント．https://www.mext.go.jp/content/20191223-mxt_000003296_111.pdf（参照日2019年12月24日）
森田真樹（2016）教員のキャリアシステム構築と大学の役割の問い直し：私立大学開放制教員養成の立場からみた課題．日本教師教育学会年報，25：16-25．
佐藤幹男（2010）教育実習をめぐる仕組み．高野和子・岩田康之編，教育実習．学文社，pp.81-95．
中央教育審議会（2006）今後の教員養成・免許制度の在り方について（答申）．https://www.mext.go.jp/b_menu/shingi/chukyo/chukyo0/toushin/1212707.htm（参照日2020年2月21日）

2.5 教職大学院における教員養成の実際

大後戸一樹・久保研二

　教職大学院は、高度専門職業人を養成する専門職大学院の1つであり、「高度の専門的な能力及び優れた資質を有する教員の養成」（専門職大学院設置基準第26条）を目的としています。2008（平成20）年度の19大学での開設から始まり、2018（平成30）年度には54大学に至っています。

　教職大学院のカリキュラムでは、10単位（10週間で350時間）の「学校における実習科目」が修了要件と定められていることが大きな特徴の1つとして挙げられます。教師として必要な力量を養成していくため、講義等で身に付けた「理論」と実習等による自らの教育《実践》の《往還》が目指されているのです。特に《新人教員の養成》においては、即戦力として実践力の育成が求められており、いろいろな形で学校現場での実習や授業研究の在り方が模索されているところです。

　そこで、本節では、教職大学院における教員養成の実際について、授業研究を中心とした2大学の事例を取り上げて紹介したいと思います。

■H教職大学院での事例

　H大学では、2016（平成28）年度に大学院教育学研究科教職開発専攻（教職大学院）を開設しました。ここでは、特に、H大学の「学校における実習科目」を紹介します。H大学での「学校における実習科目」は、「アクションリサーチ実地研究」（以下、「AR実地研究」と略す）と呼ばれています。

「AR実地研究」の特徴としては、研究者教員・実務家教員・メンター教員（附属校・連携協力校教員）の三者が一体となった「トライアングル型指導体制」をとっていることです。具体的には、実習中に院生が授業を実施する場合、三者の他に、連携協力校の教員や他の院生にも授業観察を呼びかけます。授業観察後には、三者と授業観察者が参加した協議会を行います。協議会においては、研究者教員は主に理論面から院生の研究テーマに関連付けた指導を行います。これは、校内授業研究会での外部指導者と同様の役割になります。それに対して、メンター教員は学校や学級の実態に即して、主に実践面から指導します。これは、学

校現場の熟練教師になります。そして、実務家教員は、両者の間で理論と実践を
つなぐ役割を果たします。これは、管理職や研究主任等の役割に相当するといえ
るでしょう。また、授業観察者としての院生は、学校現場の同僚に近い立場から
のコメントを行います。これら様々な立場の意見が交わされる授業協議会は、学
校現場で行われる授業研究とほぼ同じ形式で実施されることから、院生にとって
より実践的な授業研究を学ぶ機会といえるでしょう。

　そして、アクションリサーチ型の探究に基づく理論と実践を往還する学びの具
現化を支えるのが、「アクションリサーチ・セミナー」という少人数のゼミ形式
で実施される授業科目です。この授業は、実習期間中にも継続して実施され、他
の授業科目における理論と連携協力校で院生が行っている実践を往還する学びを
確実なものとして展開するための軸をなしています。このようにして、「AR実
地研究」の進捗状況及び院生の学修の状況を確認して実習が進められています。

　また、もう1つの特徴として、「AR実地研究」は、教育委員会等の関係機関
との連携・協働によって、1年次と2年次で連携協力校を変更して実施している
点です。つまり、2年間で、2校の実習を行うのです。この点が、学校現場への
対応力を高める意味で重要だと考えています。

「AR実地研究」は、1年次（前期I・後期II）、2年次（前期III・後期IV）にそ
れぞれ5単位（5週間175単位）に分けて履修します。例えば、院生は1年次に
連携協力校A校で、2年次には1校目とは違う連携協力校B校で実施するわけで
す。1年次Iでは、配属されたA校において学校・学級の実態把握とともに研究
テーマの決定を行います。IIではIでの実態把握に基づいた研究計画の立案と研
究テーマに関わる授業実習を行うことで、IよりもIIでの学修の深まりがみられ
ます。そして、2年次では1年次の成果と課題を受けてさらに研究テーマを発展・
深化させていくのですが、2年次IIIにおいて新たなB校での実態に直面するこ
とで、院生は研究の見直しが求められるのです。A校での方法がそのまま通用し
ないからです。近接した地域にある学校でも、その実態は大きく違うことは少な
くありません。また、同じ学校の同学年であっても、学級ごとに児童生徒の実態
がかけ離れていることは往々にしてあります。同様に、教員集団のもつ雰囲気
や風土にも違いがあり得ます。III・IVで2校目の連携協力校に飛び込むことで、
より多くの教師や児童生徒に接することは、教師としての考え方や児童生徒の実
態把握を深める契機となります。I・IIの成果を改めて問い直し、III・IVでの学
修の深まりが生まれるわけです。同様に授業研究に関しても、より実践的に深く

学ぶことにつながっていくと考えます。

「学校における実習科目」の全10単位を1校でより深めていくこともできるし、逆にI〜IVを全て違う学校で実施することもできるでしょう。しかしながら、H大学では、アクションリサーチの深化と学校現場への対応力のバランスにおいて、2校での「AR実地研究」が、現時点において、よりよい形の実施形態だと考えています。

■ S大学教職大学院での事例

S大学も、H大学と同様に、2016（平成28）年度に大学院教育核研究科教育実践開発専攻（教職大学院）を開設しました。ここでは、「教科指導力の向上のための授業研究と課題」という共通の授業科目（必修）における、授業研究を中心として《理論》と《実践》の《往還》を目指した取り組みについて紹介します。

この授業科目は、名称の通り、授業研究をテーマにした授業科目となっています。通年開講の授業科目で、前期中に授業研究の理念と方法や各教科、領域における授業研究の動向と事例等といった《理論》について講義・演習を通して学び、グループごとに授業研究のコンセプト・テーマ・対象・学習領域の設定を行います。その後、後期に複数回に分けて集中講義の形で、附属校や実習校での授業実践ならびに協議会を含む《実践》である授業研究をグループごとに実践します。通年の授業科目であるため、夏休み中もグループで、授業研究に関する課題を進めることが求められます。

S大学の教職大学院では、大学院生に対して現職教員学生と学部新卒学生といった職歴等によるコース分けは行わず、教育実践について異なる経験を持つ院生間で展開される相互育成作用・協働作用を重視しています。そのため、必修の共通科目では、一学年全員での受講となります。もちろん、院生の経験や能力の違いを踏まえて、全ての授業科目において、到達目標については、現職教員学生と学部新卒学生を分けて設定しています。こうした受講形式をとっているため、共通科目の「教科指導力の向上のための授業研究と課題」においても、現職教員学生と学部新卒学生が一緒に受講するとともに、グループを編成する際には、必ず現職教員学生と学部新卒学生が含まれるように編成してあります。さらに、現職教員学生と学部新卒学生ともに、様々な学校種や教科等を専門としています。そのため、様々な経歴を持った院生が、授業を構成していく際や、協議会を行なう際に参加することとなります。1章の2節でも述べたように、省察を深めてい

くうえでも授業研究は重要な役割を担います。その際に、多様な他者との交流やそういった人たちからの指摘は、省察をより深めていくことにつながると考えます。実際、現職教員学生は、今までの経験に裏打ちされた子どもや教材に関する深い知識からの省察は、学部新卒学生に影響を与えているとともに、学部新卒学生の新鮮な発想からの省察は、現職教員学生に影響を与えることができています。また、授業研究をする際には、各グループで1つの教科または領域を選択することになるため、選択した教科または領域を専門としない院生も多く参加することになります。それら専門教科や領域でない院生からの省察は、専門領域でないこそ見えてくるものがあり、選択した教科または領域を専門とする院生に、様々な影響を与えることができていると考えます。

　また、この授業に関係している大学教員も多様な教員が関わることができるように工夫しています。研究者教員と実務家教員という枠組みでの多様さはもちろんのこと、各教員の専門領域も様々な教科であるように工夫をしています。それらの教員が、授業に参画するとともに、各グループを分かれて担当し、授業の構成や協議会に関わるようにしています。これら多様な教員の関わりも、院生の省察を促すことに一役買っていると考えます。

　このように、S大学の教職大学院では、「学校における実習科目」だけでなく、1つの授業科目においても、学校現場を利用した授業研究を行い、《理論》と《実践》の《往還》を目指した取り組みを行っています。

開発途上国におけるレッスン・スタディ

齊藤一彦

　日本の学校文化の１つである授業研究は、90年代以降《レッスン・スタディ》として海外に紹介され、世界各国で注目を集めるようになりました。開発途上国においてもレッスン・スタディの普及に取り組む国が増えつつあります。これらは、わが国からの国際教育協力の一環として開始されたケースが多く、特に理数科教育分野において、様々な普及活動が展開されています。

　筆者は、これまで、アフリカ諸国、南米諸国などで、レッスン・スタディを用いた国際教育協力活動に従事しておりました。これらの活動を通して、経済・社会の発展に課題を抱えていることの多い開発途上国にとって、戦後の日本の復興、すなわち教育に力を注ぎながら、国づくりを行ってきた姿は、社会開発のモデルとして参考にしたいと思わせるのに強烈な説得力となっていることを強く感じています。

　教育の質を高めるためには、教師の力量を高めることが重要ですが、逼迫した経済状況の中で、巨額な予算を必要とせずにそれを実施できる方法としてのレッスン・スタディには注目が集まりやすくなります。特にこれといった施設や物品の導入もなく実施することができるため、費用対効果が高い教育の質の向上方策となることも、開発途上国にとって魅力の１つと思われます。

　また、レッスン・スタディは学校内の教師の同僚性を高めるだけではなく、省庁、地方教育行政機関、大学など複数の機関での協力の下に実施することで、学校外の関係機関との繋がりも強化されることになります。学校内外で構築された同僚性・ネットワークが、さらに教師を成長させていくための鍵になっているようです。

　筆者は特に体育を通じたレッスン・スタディ普及に関わることが多くあります。他国にレッスン・スタディを紹介・導入していく際、体育の授業は、言語的な障壁が比較的小さく、また、教師や子どもの活動が動きとして示されるため、授業観察やディスカッションがしやすいという利点があります。上述した理数科教育分野と比べると体育でのレッスン・スタディはまだ普及事例が少ないのが現状ですが、今後その利点がさらに活かされることを期待しています。

　次に、南米・ペルーでの体育レッスン・スタディの普及事例について紹介したいと思います。ペルーでは、2017年から、小学校の体育授業数が週２コマから３コマへと増加し、適切な体育授業を展開できる教員の育成が大きな課題となりました。そのような中、日本のスポーツ国際貢献事業「スポーツ・フォー・トゥモロー」の一環で、ペルーの体育教師の力量形成支援をすることとなりました。

　筆者はそのプロジェクトリーダーとして、まずは2017年１月にペルーを訪問し、教育省の体育科教育担当行政官、体育科教員養成課程の大学教員、地方体育教育行政官らと体育教師の力量形成方法についての意見交換を行いました。

　当初、学校体育は、スポーツの競技力を高める裾野拡大の第一歩であると捉えている関係者も少なくなく、競技環境、体育施設の未整備などがまずは課題だと指摘されることも多々ありました。私たち日本のプロジェクトメンバーとしては、現在ある環境の中で、お互いの努力によって教師の力量を高めることができる、レッスン・スタディを紹介してはどうかと考えました。同年8月、再度ペルーを訪問し、教育省、大学などで体育科教育関係者に対してレッスン・スタディを紹介する講演を行ったところ、反響があり、その方法を学びたいという関係者が多く現われました。そこで、2018年1月に日本で実際の体育授業や授業研究を見てもらうための約10日間の研修を行いました。その際、研修参加メンバーを、ペルーの教育省、大学、地方教育行政など複数機関から選抜し、研修後に、ペルーでレッスン・スタディチームが立ち上がることができるように留意しました。ペルーでは組織の横のつながりがほとんどみられず、別々の組織で協働して何かを創るということには慣れていなかったようです。しかし、日本で一緒に研修を受けながら親睦を深めることで、別々の組織のキーパーソン同士の強い絆が作られていきました。2018年12月に再度ペルーを訪問した際には、既に体育の授業研究会が研修参加者によって開始されるようになっていました。ペルー初の授業研究会です（写真1、2）。次は授業研究の質をさらに深めるため、新たなメンバーも加えて、2019年1月には日本での研修を行いました（写真3、4）。その後、ペルー関係者のチームワークはさらに強固になり、ペルー側で「レッスン・スタディガイドブック」を作ろうという動きになってきました。

写真1　授業研究会の様子

写真2　授業研究会後の振り返り

　さらに2019年8月には、ペルー初の体育科教育学会が開催され（写真5、6）、メインテーマは日本の体育授業研究の紹介でした。2019年9月現在、ペルー全県にレッスン・スタディが拡大されようとしています。

　ここ数年、ペルーで大きな広がりを見せたレッスン・スタディですが、複数の組織を広く取り込みながら進めていったことにポイントがあったように思います。開発途上国では、政情が変わると人事異動がダイナミックに行われ、これまで窓口であった部署がなくなったり、蓄積してきたネットワークやノウハウなどが一瞬にして消えて

写真3　日本での体育授業見学　　　　　写真4　日本での授業研究会見学

写真5　体育科教育学会開催　　　　　写真6　体育授業のデモンストレーション

しまうことが往々にしてあります。そこで、複数の組織を同時に対象にしたことで、そのリスクは大きく軽減されました。さらに、組織を超えたチームを作っていこうという動きそのものが、レッスン・スタディのコンセプトである同僚性の構築にも直結し、レッスン・スタディの普及を加速させることに繋がったように感じています。今後、レッスン・スタディがさらに広がり、深まっていくことを願っています。

コラム 5
開放制による今後の教職課程の質保証　　　　　　嘉数健悟

　わが国における教職課程の質保証は開設時における課程認定と不定期に行われる教職課程実地視察（外部質保証）が主となっており、課程認定を受けた後に大学が自律的に教職課程の質の維持、向上にむけた取り組み（内部質保証）が十分に図られていないことが指摘されています（中央教育審議会，2015）。特に、私立大学の教職課程が課程認定を得ることや学生募集の方法として考えられていたこと（田子，2002）を踏まえると、私立大学を中心とした教職課程を有する大学は、教員養成に対する自覚と責任を持ってその充実に取り組むことが求められています。

　そのような中、沖縄大学は、沖縄県内の教職課程を有する他大学、学校現場、教育委員会との連携を通して、各大学の教職課程の取り組みの多様性を尊重しつつ、沖縄という地域における教員養成全体の質的向上を目指した研究に着手しています。この研究では、これまで教職課程の質保証がそれぞれの大学に委ねられてきた（岩田，2014）ことに対し、大学や学校現場、教育委員会という枠を越えて相互に学びあうコミュニティを形成し、教職課程の質保証を促すことを目指しています。主たる課題として、①教職課程の質保証に関する取り組みについて自己分析を行うこと、②それを基に、沖縄県内において教職課程を担当する他大学の関係者や学校、教育委員会による相互検証を通して、③大学と学校、教育委員会との連携によって地域における教員養成全体の質的向上に資する評価システムの開発を行うこと、の 3 点が挙げられます。

　この研究は、緒についたばかりであるものの、地方大学の特性や地域の実態を踏まえた教職課程の質保証に向けた取り組みとして、その成果の蓄積が期待されています。

【文献】
岩田康之（2014）教員養成教育の質保証の課題．教員養成教育の評価等に関する調査研究報告書，東京学芸大学，pp.10-14.
中央教育審議会（2015）これからの学校教育を担う教員の資質能力の向上について―学び合い、高め合う教員育成コミュニティの構築に向けて―（答申）．https://www.mext.go.jp/component/b_menu/shingi/toushin/__icsFiles/afieldfile/2016/01/13/1365896_01.pdf（参照日 2019 年 9 月 1 日）
田子健（2002）第 3 章　開放制教員養成の原則と戦後の教員養成改革　私立大学を中心に．日本教師教育学会編．教師をめざす．教員養成・採用の道筋をさぐる．学文社，pp.89-96.

教師の知識研究の最前線　　　　　　　　　　　濱本想子

　「知識は力なり（knowledge is power）」。これは、16世紀のイギリスで有名な哲学者フランシス・ベーコンの主張に基づく格言です。みなさんはこれまで、学校の定期試験や大学入試、資格認定試験など、様々な場面で《知識の量や質》を測られ、その結果があなたの《力》として評価されてきたのではないでしょうか。このような点数化できる知識は、授業や教科書、参考書などで学ぶことのできる、いわゆる《理論的知識》と言われています。この知識には科学的根拠があり、言葉で人に伝えることができるという特徴を持っています。一方、医師や教師などの専門職人には、理論的知識に加えて、《実践的知識》の量や質が重要視されています。この実践的知識とは、例えば、医師の場合は手術、教師の場合は授業といった実践場面で発揮される知識のことを指します。そのため、各実践の文脈に沿った、個人的、経験的、複合的な知識とも言われています。しかも、言葉で人に伝えることが難しいという特徴もあります。

　これまで、多くの研究者らが教師の知識（理論的知識と実践的知識を含めた教師の専門的知識）の構造の解明に取り組んできました。とりわけ、アメリカの教育学者であるShulman（1987）は、教師の知識の中でも教科の内容に関する知識と教育方法に関する知識が混合した知識として「pedagogical content knowledge: PCK」を教師特有の最も重要な知識として提唱しました。日本では、吉崎（1987）が教師の知識の7領域を提唱し、教材内容や教授方法、生徒（児童）に関する知識が複合した知識の重要性について述べています。しかし、最近の研究者らの関心は、教師らが《どのような知識を持っているか》だけでなく、《どのように知識は（を）発達するか（させるか）》に向けられています（例えば、田中，2019）。特に、教師の知識の獲得や発達には実践に対する他者とのリフレクションが効果的であると言われています。このような観点からも、授業研究は教師の知識を獲得ないしは発達させる、教師の協働的な学びを促す絶好の機会と言えるでしょう。

　目まぐるしく変化する社会の中では、教師に求められる知識も変化し、複雑化していくはずです。そのため、これからも教師の知識の構造や内実は問い続けられる必要があるでしょう。加えて、今後の教師の知識研究では、常に目の前の子ども達の学びを促すことのできる《knowledge》を、教師や教師を目指す学生が自律的、協働的に獲得、発達させられるよう、その方略を検討することも重要です。

【文献】
Shulman, L.S. (1987) Knowledge and Teaching; Foundation of the New Reform. Harvard Education Review, 57(1): 1-22.
田中里佳（2019）教師の実践的知識の発達―変容的学習として分析する―. 学文社.
吉崎静夫(1987)授業研究と教師教育(1)―教師の知識研究を媒介として―. 教育方法学研究, 13:11-17.

第3章

校内研修としての
体育の授業研究

　本章は、2017 年 9 月から 2018 年 10 月まで『体育科教育』誌で 13 回にわたって連載された「校内研修としての体育の授業研究」をもとに加筆修正したものです。この連載で紹介した学校は、編者の木原が指導助言者として授業研究に参加した広島市立戸坂（へさか）小学校、同市立幟町（のぼりちょう）小学校の 2 校でした。

　戸坂小学校は、734 名の児童と 51 名の教職員（平成 29 年度）からなる中規模の学校であり、平成 27 年度には全国学校体育研究大会の授業公開を担当しました。本校は、毎年数名の新採教員が赴任する学校であり、保護者からの期待も高い学校です。平成 26 〜 28 年度の 3 年間の校内研修は、島本靖校長先生（平成 28 年度は三吉学校長先生）と大下あすか研究主任（平成 28 年度は前田心平研究主任）のリードで体育を研究教科としていない学級担任の先生方が全体として体育授業の力量を向上させることを目的として企画・運営がなされました。

　幟町小学校は、1873（明治 6）年に広島で最初に設立された小学校という歴史を持つ学校です。世界中に折り鶴とともにその名が知られ「原爆の子の像」のモデルとなった佐々木禎子さんが学んだ小学校であり、平和教育で著名な学校です。幟町小学校は、521 名の児童と 45 名の教職員からなる中規模の学校で、子どもの学びに焦点化した授業研究を推進してきた学校文化を持っていました。平成 27 年度に瀬川照幸校長先生（平成 28-29 年度は島本靖校長先生）は、幟町小学校の教育目標である「思いやりの心をもつたくましい子どもの育成」に即して、子どもの学びに焦点化した授業研究の推進を、栗塚祐二研究主任（平成 29 年度は福永麻美研究主任）に託されました。栗塚祐二研究主任は、平成 27 年度から 28 年度の 2 年間で 35 回の研究部ニュース「恋幟（こいのぼり）」を発行し、個々の教員の問題意識と学校の教育目標を交差させる授業研究の企画・運営を心がけられました。

　本連載は、以上の 2 校における校内研修としての体育の授業研究の実態に迫ろうとするものでした。本章では具体的には、「体育（研究）主任として研究授業を実施した経緯と実践者の意図」「研究授業と授業後における協議会の実際」という流れで、計 6 つの研究授業と協議会を紹介していきます。

3.1 校内研修としての授業研究への注目

木原成一郎

　2017年3月に新学習指導要領と同時に公表された「幼稚園教育要領、小・中学校学習指導要領等の改訂のポイント」には、「小・中学校においては、これまでと全く異なる指導方法を導入しなければならないと浮足立つ必要はなく、これまでの教育実践の蓄積を若手教員にもしっかり引き継ぎつつ、授業を工夫・改善する」ことが重要であると指摘されました。この指摘に学べば、これまでの教育実践の蓄積を若手教員に引き継ぐことが、今回の学習指導要領の改訂で最も重点を注ぐべきことの1つと考えられます。そこで、我々は校内研修としての授業研究に注目しました。その主な理由は以下の2つでした。

①多くの先生方が所属校の研修を通して、その専門性を高めている

　山崎（2002，p.208.）は、1984、89、94年の3回にわたって、静岡県の小中学校教師の計4196名に質問紙調査を行い、「現在、自分の教育実践の質を高める上で最も意義があると感じているもの」は何かを聞いたところ、採用された年代に関わりなく、「所属校での研修（94年調査：31.0％）」「職場の雰囲気や人間関係（同：34.5％）」「自分の意欲や努力（同：41.5％）」の3項目が比較的高い指摘率であったといいます。すなわち、教師は、所属校での研修を通して教師として成長し教育実践の質を高めていると考えているといえるでしょう。

②都道府県の現職研修のシステムの中心に校内の研修が置かれ、教師の職務として授業研究が位置づいている

　この点については、広島県を例に説明してみます。図1は、広島県教育委員会のホームページに掲載されている『広島県教育資料』（2014年）の教職員研修の機会を

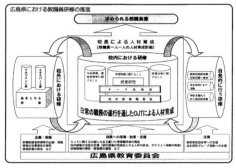

図1　広島県における教職員研修の推進

72

説明する図です。研修の中心に勤務する学校内での研修が置かれ、左右に学校外での研修が置かれています。学校内での研修は、体育でいえば実技研修と授業研究が位置づきます。そして、左側に行政研修の「校外における研修」があり、右側に学年・教科・領域別に部会が組織されほぼ全員が参加する地区研究会や、休暇中に開催される民間教育研究団体や各種サークルの「自発的に行う研修」が置かれているのです。

■校内研修としての授業研究の落とし穴

ところで、学校単位で勤務時間内にすべての教師が参加して行う授業研究の特徴は、そのまま問題点を生むことにもなります。木原俊行（2006）は、その問題点として、①機会が限定されている、②個々の教師の問題意識を反映させがたい、③『型はめ』に陥りやすい、④閉鎖性・保守性が強い、の４つを挙げています。

①は、学校内のすべての教師が参加して行う機会を保証しようとすると、回数と時間が限られ、年間に多くて数回、2時間程度の授業研究に機会が制限される問題です。②は、学校単位で行う授業研究は、学校として設定され、時には研究指定を受けた研究テーマに関連して企画し運営されるため、様々な教職経験や考え方を持つ個々の教員の問題意識を十分反映できない危険性を生む問題です。③は、学校単位で行うため、学校内に作られた授業観や子ども観に縛られ、提案される研究授業やその後の協議会の発言に、個々の教師や学級の独自性や多様性が反映されにくく、同じような授業や発言がいつも登場するという問題です。最後の④は、研究授業や事後協議会が校内の教員にしか公開されない、指導案の形式や協議会の方法がいつも決まったやり方しか認められない、事後協議会の外部指導者をいつも同じ研究者や指導主事にしか依頼しないで彼らのコメントをすべて正しいものとして扱う、等の閉鎖的で保守的な問題です。

■授業研究成功のカギを握るのは誰か？

このように校内研修は、教育委員会の研修制度と教師の意識の両方から研修の中心と考えられているのですが、一方で課題も少なくないようです。では、今後校内研修に参加した先生方の体育授業の力量向上に成果をあげるためには、どのような条件が求められるのでしょうか。

いうまでもなく、校長や教頭という管理職にはすべての学級担任教師が自分の学級の子どもたちへの学習指導に専念できる雰囲気をつくり、子ども達の学習の

改善を目的として授業研究を実施する環境を整える役割が求められます。そして授業研究の企画と運営を担う研究主任と体育主任は、学校全体の研究テーマと個々の教師の問題意識をうまく調整し、教師の主体的なやる気を引き出すために大きな役割を果たさねばなりません。

　近年では研究授業後の協議会をワークショップ方式で運営し、参加者全員の発言や参加を保証する実施形態の工夫が行われています。そこでは授業実施者はもちろんのこと、協議会参加者が各自の実践体験を踏まえ、自己の授業観や教材観、子ども観の枠組みを再構成するような省察をもたらす話し合いが求められます。こうした話し合いの進行に、研究主任や体育主任が司会として果たす役割はとても大きいといえるでしょう。また、助言者として協議会に参加する大学教員や指導主事等の学校外の専門家には、その話し合いが研究部の提案する協議の柱や指導法にとどまらず、単元計画や教材解釈の見直しに及ぶように質問や意見を発言する責任があると思います。

【文献】
広島県教育委員会（2014）平成 26 年度　広島県教育資料．広島県教育委員会 HP，http://www.pref.
　hiroshima.lg.jp/site/kyouiku/kyouikushiryou26.html（2014.8.3 検索）
加登本仁（2014）研究授業を担当する若手教師が直面する困難とその克服過程に関する活動理論的考
　察．初等教育カリキュラム研究，2:13-21.
木原成一郎（2015）教師の成長のための『研修』と『日常的なかかわり』．木原成一郎他編，体育授
　業を学び続ける，創文企画，pp.32-40.
木原成一郎、石井崇史（2013）〈誌上対談〉若手教師の成長を妨げる研究授業．体育科教育，61（6），
　10-15.
木原俊行（2006）教師が磨き合う「学校研究」，ぎょうせい．
文部科学省（2017）幼稚園教育要領、小・中学校学習指導要領等の改訂のポイント．文部科学省
　HP,http://www.mext.go.jp/a_menu/shotou/new-cs/1384661.htm（2019.4.28 検索）
山崎準二（2002）教師のライフコース研究，創風社．

3.2 体育主任として校内研修を推進した経緯と意図 ―学習する内容を明確にし、課題の解決に向けてかかわり合う体育科授業づくり―

前田心平

1. はじめに

　本校では平成 27 年度に第 54 回全国学校体育研究大会広島大会の会場校として授業公開を行った。私はその前年度に当たる平成 26 年度に本校に着任し、体育主任として体育授業研究を中心になって進める立場となった。

　本稿ではその当時を振り返りながら、次年度に控えた全国学校大会研究大会に向けて、校内でどのような計画を立て、研修を進めていったのかを紹介する。

2. 校内研修を進めていく上での具体的な取り組み

　全国大会開催の前年にあたる平成 26 年度、「学習する内容を明確にし、課題の解決に向けてかかわり合う体育科授業づくり」という研究主題に沿った授業公開をすることなど研究の大まかな方向性は決まっていた。しかし、職員間で、具体的な授業のイメージは共有できていなかった。そこで平成 26 年度は以下に述べる方法で研修を進めていった。

(1) 校内体制の見直し

　私は校内の研究部に所属しており、当時の研究主任は本校に長年在籍している教諭（以下 A 教諭とする）が担っていた。また、当時、本校には広島市体育科研究会に所属するベテラン教諭が 2 名おり（以下 B 教諭、C 教諭とする）、体育科の授業研究を進める上では、研究主任である A 教諭、体育主任である私、体育科授業に精通している B 教諭、C 教諭の役割を明確にしていくことが重要であった。

　A 教諭は体育科授業研究の経験こそなかったが、研究主任としての経験は豊富であり、まず校内に体育科に関する考えが浸透しやすいよう、それぞれの校内での役割を表 1 のように明確にしていった。A 教諭が、この役割を明確にし、全教職員に周知したことで、私は幾分か肩の荷がおり、体育の授業研究に専念するこ

とができた。また体育の授業研究を進めていく上で悩みが出た時は、この4名で
その都度話し合いを行い、方向性を確認していった。そうすることで、各学年、
同じ方向性の話し合いがスムーズに展開することになっていった。

表1　体育科に関する校内の役割

A 教諭（研究主任）	公開授業研究会や校内研修会の運営案の立案など運営面に関することを担当
私（体育主任）	体育の授業研究に関することを担当、主に高学年ブロックのアドバイザー
B 教諭	主に中学年ブロックのアドバイザー
C 教諭	主に低学年ブロックのアドバイザー

（2）授業研究を進める領域の見直し

　研究を進めていく上での最大の目的は、教員が授業力をつけ、その結果として、
子どもに力がつくことである。子どもの学びなくして、公開のための授業で終
わってしまっては意味がない。当時の校長先生も常に「一単位時間の中に必ず子
どもの学びがある授業を心がけること」を授業の大前提として挙げられていた。

　そのことを全教員の共通認識として持ったうえで、取り組むとなると、領域を
絞り込み、研修を深めていく必要があると考えた。領域も教材も異なると、指導
内容が多岐に渡ってしまう。そこで本校では「ゲーム」及び「ボール運動」領域
に絞り、教材についても研究部を中心に見直した。扱う教材については「ゴール
型」のみに絞り込んだ。絞り込むことで、系統性をさらに具現化できると考えた。

（3）系統的な指導内容を示し、教材を絞り込む

　これまでの段階で、どの領域に取り組むのかが明確になっていた。しかし、実
際の授業の具体的なイメージはこの段階ではまだ持てていなかった。そこで、学
習指導要領に示された内容と照らし合わせながら、各学年で「ゲーム」及び「ボー
ル運動」領域、「ゴール型」で目指す子ども像を考え、各学年で中心となる指導
内容を設定した。研究部から各学年で重点を置く指導内容を明確に示すことで、
各学年の単元で目指す方向が定まってきたように思う。この指導内容が適切か否
かは検討の余地があるが、中心となる指導内容を明確に示すことは、本校で研究
を進めていく上で重要なことであったと考える。また、この指導内容と照らし合
わせて、各学年で扱う教材を提案した。「この学年の指導内容であれば、この運
動を素材として、こんな教材が適しているのではないか。」と話し合いながら、
教材を考えていったわけである。

この指導内容と教材については以下の表2のように考えた。

表2　「ボール運動ゴール型指導内容の系統表と教材」

学年	指導内容	教材
1	ねらったところに投げる動き（シュート）	ボール投げゲーム
2	動くものにもねらってなげる動き（パス）	ボール投げゲーム
3	パスかシュートか選択してつなぐ動き	ポートボールをもとに
4	ボールを持たないときの動き（パスをもらう動き）	ポートボールをもとに
5	ボールを持たないときの動き（ゴールに向かう動き）	ハンドボールをもとに
6	シュートできる状況をつくり出す動き	バスケットボールをもとに

(4) 授業づくりの基本的な考え方

　ここまでに、各学年の教材と指導内容を示すことで、大まかな授業の方向性は職員間で共有できていたと思われるが、実際の授業場面では何をすればよいのか、という具体的な方策を示す必要があると感じた。本校では前述の通り、研究主題を「学習する内容を明確にし、課題解決に向けてかかわり合う体育科授業づくり」としており、それを具現化するための方策を次のように考えた。

　本校では、「学習する内容を明確にすること」に主眼を置いていた。しかし、教師が「教えたい内容」を明確にもっていても、教師の一方的な教授に終始するのでは、子どもの「学びたい内容」と乖離し、主体的な学習が成立するとは考えにくい。

　そこで、実際の授業の中では、教師が「教えたい内容」を明確に持ち、子どもに働きかけていくことで、教師の「教えたい内容」を子どもの「学びたい内容」に転化させることを目指した。その観点から、主に次の3つの手立てを行った。1点目に系統性を踏まえた指導計画の作成、2点目に、学習する内容を明確にするための手立て、そして3点目に課題解決に向けた子どものかかわり合いを促す工夫である。

①系統性を踏まえた単元計画の作成

　指導内容の確実な定着を図るためには、子どもの発達段階を考慮しながら各学年の学習する内容を吟味し、系統性を踏まえた指導計画を作成する必要がある。そこで、指導内容の系統表を作成し、これをもとに、系統性のある指導内容の確立を目指したことは前述の通りである。

この系統表をもとに単元全体を見通して、子どもの思考の流れを意識し、2年間の単元計画を作成した。子どもが必要感を感じる学習する内容を設定し、教師の「教えたい内容」が子どもの「学びたい内容」に転化していくことを念頭に置いて取り組んだ。

授業の中で、子ども達が「学びたい内容」を持つことが、授業の中で重要なことだと全教員に周知・徹底し、各学年で、コートの広さやボールの大きさ、人数など教材の工夫について話し合いを進めていった。

②学習する内容を明確にするための手立て

子ども自身が本時の中で学習する内容が明確になれば、学習者相互の評価活動もより具体的かつ活発なものになり、本時の目標に迫る学習活動が展開されると考える。そこで学習する内容が明確になるまでの子どもの思考を「つかむ場面」「試行する場面」「共有する場面」の3つの場面に分け捉えている。

第一に、これまでの課題から学習する内容を「つかむ場面」である。この場面では口頭で伝えるだけでなく、教師や子どもの師範やホワイトボード、掲示などを使い、視覚的にもつかみやすくし、子どもが具体的なイメージを持つことができるようにした。

第二に、学習する内容を「試行する場面」である。この場面では、頭で描いたイメージを実際に動いてみたり、体験をしたりする中で、身体の感覚として実感することができるようにした。

第三に、子ども同士の感覚をつなぐことで学習する内容を「共有する場面」である。子どもが実感した身体的な感覚をすり合わせていくことで、子どもが共通認識をもって課題の解決に向かうことができるようにした。

つかむ	試行する	共有する
具体的なイメージを持つ	身体の感覚として実感する	共通認識を持つ

　教師が明確な指導内容を持つとともに、これらの子どもの思考の流れを意識して、子どもが学習する内容を「共有する」場面まで導く授業づくりに取り組んだ。

③課題解決に向けた子どものかかわり合いを促す工夫

　仲間の動きについて、視点を明らかにして見合うことによって、より具体的で課題解決に向けた活発なかかわり合いが生まれると考えた。

　子どもが本時の学習する内容が明確であっても、実際の授業の中では、流動的な動きを見合い、技術ポイントを教え合ったり、改善点を伝え合ったりすることは容易ではない。そこで「どこを」「どのように見るのか」について視点を明確にし、「どのような言葉かけ」が望ましいのかを具体的に示した。

　中でも情意的な言葉かけから運動技能の向上に伝わる言葉かけを重視し、相互に見合う活動を取り入れた。

　言葉かけを具体的に示すことで、動きについての具体的なアドバイスができるようになり、それらの相互評価を繰り返し行うことで、課題解決に向けたかかわり合いが増えると考えた。

表3　具体的な言葉かけ

情意的なかかわり（肯定的な言葉かけ） 　・がんばれ　　・今の動き、良かった 　・どんまい 　・○○さん、良いね　　など 　　　　　　　　　運動技能向上につながるかかわり合い 　　　　　　　　　（動きについての具体的なアドバイス） 　　　　　　　　　・～のときには～に動いて 　　　　　　　　　・～な動きが良かったよ　　など

(5) 研究授業の持ち方

　年度当初は、これまで述べてきたように、校内体制の見直しから取りかかり、授業の方向性を研究部で示すよう尽力した。しかし、いくら理論を述べても、それだけでは、授業場面での具体的なイメージを持つまでには至っていなかった。この段階で、課題となっていたのは、教員全体で具体的な授業のイメージを共有していくことであった。

　そこで、7月にモデル授業としての意味合いで研究授業を行うこととした。当時、私は5学年の担任をしており、第5学年ボール運動領域、ゴール型「ハンドボールをもとにした簡易化されたゲーム」の研究授業を行った。

この研究授業のねらいを教員全体で具体的な授業のイメージを共有することと絞ったため、新たな提案性よりも、これまで提案してきた事項が具現化したものを1授業の中に盛り込むことを目指した。

1年間を見通し、理論研修と研究授業の時期と意味合いを見直していったことで、他の教員も校内研修で研究授業を見る視点が明確になり、その後の協議会でも意見が活発に交流できたように思う。

3. おわりに

本稿では「体育主任として校内研修を推進した経緯と意図」について述べた。教科書のない体育科の研修を進めていく上では、教員間で共通認識を持つことが一番の課題だと思われる。体育主任として体育科の授業研修を進めていく上で、それぞれ多様にある理論の解釈をどのようにすり合わせていくのかを最も意識した。

本校では、先に述べたように、体育科において、①校内体制を整え、②研究の方向性を示し、③具体的な授業のイメージを持つという3段階でその浸透を図った。

次項からは、モデル授業として行った「ハンドボールをもとにした簡易化されたゲーム」の実際と成果、課題について述べていきたいと思う。

3.3 指導内容を明確にしたボール運動の学習

—第5学年　ボール運動　ゴール型　「ハンドボール」の実践を通して—

前田心平・木原成一郎

1. はじめに

　本校は平成 27 年度に第 54 回全国学校体育研究大会広島大会の会場校として授業公開を行った。前項では、その前年度に当たる平成 26 年度に体育主任として校内研修をどのように進めていったのかを記載した。「学習する内容を明確にし、課題解決に向けてかかわり合う体育科授業づくり」という研究主題に沿った授業公開をすること、その主題に沿って、「ゲーム」及び「ボール運動」領域、ゴール型の授業を公開すること、など研究の大まかな方向性は決まっていた。しかし、職員間で、具体的な授業のイメージは共有できていなかった。

　本稿は、平成 26 年度 7 月に校内にモデル授業の意味合いで行った 5 年生を対象とした「ハンドボール」の授業実践とその後の協議会について紹介する。

2. 研究授業のねらい

　本稿で紹介するハンドボールの授業実践に至るまでに、体育主任として「系統性を踏まえた指導計画の作成」「学習する内容を明確にするための手立て」「課題解決に向けた子どものかかわり合いを促す工夫」という 3 点を授業づくりの基本的な考え方として示していた。この授業実践では、それらを具現化したものを 1授業の中に盛り込み、教員間で授業の具体的なイメージを共有していくことを目指した。

3. 授業の実際

【対象】小学校 5 年生（34 名）

【単元目標】

○フリーになるために空間に走り込み、パスを受けたり、シュートを打ったりすることができるようにする。【技能】

○友だちの良い動きを見つけ、アドバイスをし合ったり、自分やチームの動きに

生かしたりしながら、協力してゲームができるようにする。【態度】

○パスをもらえるより良い動きや、シュートにつながる動き方を理解できるようにする。【思考・判断】

（1）系統性を踏まえ単元計画の作成

本校でボール運動「ゴール型」で示していた指導内容の系統表は次の表1の通りである。

表1　「ボール運動ゴール型指導内容の系統表」

学年	指導内容
1	ねらったところに投げる正確性（シュート）
2	動くものにもねらってなげる正確性（パス）
3	ボールを持った時にパスかシュートか選択してつなぐ動き
4	ボールを持たないときの動き（パスをもらう動き）
5	ボールを持たないときの動き（ゴールに向かう動き）
6	シュートできる状況をつくり出す動き

第5学年では、ノーマークになったり、得点しやすい場所に移動したりしながらゴールに向かう「ボールを持たない時の動き」を中心的な課題とした。

単元計画作成の際には、子どもの「学びたい内容」をいかに単元の中に位置づけ、第5学年で中心課題とする「ボールを持たないときの動き」につなげていくかを意識した。

本学級の児童への事前アンケートによると「ボール運動を楽しいと感じるときはどんな時か」という項目に対して、「シュートが決まったとき」と答える児童が28名おり、多くの児童にとってハンドボールの授業で「シュートを決める」ということが「学びたい内容」だということがうかがえた。

そこで単元初めの段階では主にシュートの局面を扱い、「キーパーが捕りにくいシュートを打つこと」を課題とした学習を設定した。しかし、シュートを打つ局面までには、ゴール前までパスを「運ぶ局面」が必要不可欠である。そのことに気付くことで「シュートを決めたい」という思いを「パスを上手くつなげるようになりたい」という思いにつなげ、ボールを持たない時の動きを考えることを中心課題として据えた。

このように指導内容の系統表に基づきつつ、子どもの思考の流れを踏まえて単元計画を設定した（表2）。

表 2　単元計画　第 5 学年　ゴール型「ハンドボールを基にした簡易化されたゲーム」（全 9 時間）

時数	学習段階
第 1 時	学習の進め方を知る
第 2 時	キーパーが捕りにくいシュートを打つ
第 3・4 時	パスをもらうための動きを身に付ける
第 5・6 時	シュートを打ちやすい場所でパスをもらうための動きを身に付ける
第 7・8 時	ゴールにつながる動きを考えてゲームをする
第 9 時	既習を生かしてゲームをする

（2）学習する内容を明確にするための手立て

　実際の授業場面において学習する内容を提示する際には、学習する内容を「つかむ」「試行する」「共有する」という 3 つの場面を設定し、児童にとって学習する内容が明確になるようにした。図 1 に示すのは第 3 時の授業場面である。

〈学習する内容を「つかむ場面」〉 学習内容をつかむ場面では、前時のゲームの振り返りから、「パスが上手くつながっていない」という課題を見出した。そして、その課題を解決するために、どんな動きが必要なのか掲示物を用いながら、子どもに示範させ、本時の学習内容「パスをもらうための動き」を具体的にイメージできるようにした。	
〈学習する内容を「試行する場面」〉 本時の課題である、ノーマークになりパスをもらうための動きが具体的にはどういった動きなのか頭の中でイメージし、つかんだ後、実際に動くことで体感させた。頭でイメージできても、実際の動き方が理解できていない児童については、初めはゆっくりとしたスピードの中で体感させた。	
〈学習する内容を「共有する場面」〉 実際に動いてみて、分かったことを交流するとともに、本時の中で、ペアチームが動きを見る視点を明確にすることで、学習する内容についての共通認識を持たせ、本時で目指す姿を全体で共有させた。	

図 1　第 3 時の授業場面

（3）課題解決に向けたかかわり合いを促す工夫

①きょうだいチームの設定

　課題解決に向けたかかわり合いを促すために、この授業では「きょうだいチームを設定し、動きを見取る観点を明確にすること」「プラス言葉の設定」を具体

的な方策として提案した。授業の中では、A〜Hの8チームを2チームずつに分けてきょうだいチームとし、単元を通して、観察する対象をきょうだいチームに固定化して、図2のような記録カードをもとに、動きを観察する活動を取り入れた。自分やチームのできるようになった動きやできていない動きについて客観的に見取ることができるよう工夫した。

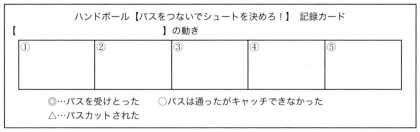

図2　記録カード

②「プラス言葉」の活用

　単元の中で、どういった言葉かけが良いのか具体的に示し、それらを図3のように「プラス言葉」として提示した。5年生では、情意的な言葉かけはもちろん、動き方を具体的に表す言葉かけを意識させた。

> ・「○○したらすぐに○○」
> ・「もっと○○に走って」
> ・「○○よりもっと前に出て」
> ・「○○に動いて」
> ・「もっと○に近づいて、離れて」など

図3　プラス言葉

4. おわりに

　本実践は全国大会に向けたモデル授業という意味合いで行った授業である。校内研修終了後に行った教員アンケートでは「教職員にとって校内研修は有意義であったか」という項目に対して、100％の肯定的評価が得られたこと、自由記述の欄に「具体的な授業のイメージを持つことができた」という記述が多数あったことから、教員間で共通の授業イメージを持つという本来の目的は達成できたと思われる。

　単元を通して、子どもの変容を見ると、学習カードにおいて本時のめあてに沿った記述ができている児童の割合が26%（第2時）から67%（第5時）に増えるなど、学習内容を「つかむ場面」「試行する場面」「共有する場面」の3つの場面設定を学習場面の中に取り入れ、学習者が「学ぶこと」が明確になる授業を行ったことで、課題に対して主体的に取り組む児童の割合が増えた。

　また、単元を通して、中心的な課題である「ボールを持たない動き」について、子どもがどれだけパフォーマンスが向上したか評価するために、記録カードをもとに出した「パスの成功率」を評価の指標とした。

　ここでのパスの成功率は次のように設定した。

> ## パスの成功率＝つながったパスの回数÷パスを出した回数

本単元でのパスの成功率は表3のように推移した。

表3　本単元でのパスの成功率

第2時	第4時	第6時	第8時
44%	54%	59%	71%

　この結果から、教師が、学習内容を明確にし、子どもたちが協同して課題解決に向けて取り組む場や時間を意図的に設定した授業づくりを行った事で、子どもたちが課題に気付き、本時の学習課題、特に技能課題を達成することができたと結論づけた。

　その一方で、第3時「パスをもらうための動きを身に付ける」学習においては、パスをもらうためにディフェンスをかわす動きの習得をねらっていたが、守備の位置に関わらず、速攻で相手をかわすなど、教師の意図しない動きが表出された場面があった。このことについて後の協議会で、「こちらの意図しない動きが表出されたとき、その動きに対してどのようにアプローチしていくのか」ということが話題として挙がった。モデル授業として行ったこの研修の成果が「具体的な授業のイメージを持つこと」に留まらず、教員間で新たな知見を得ることにもつながったのである。この新たな知見を得るきっかけとなった「意図しない動きが表出した場面」は当時、本校に指導助言として入っていた木原氏が挙げた話題であり、指導助言者のかかわりによって本校の研修に深まりが生まれる瞬間を感じた場面であった。

（前田心平）

【研究授業後の協議会での質疑応答】

戸坂小学校の研究授業後の協議会は、次のように展開した。協議会には、校内体育部会の教諭5名を含む全校教諭29名に加え、主幹、教頭、体育の授業研究に造詣の深い校長、各1名、外部指導者として、小学校教諭経験の豊富な指導主事と体育科教育を専門とする大学教員の2名、計34名が参加した。参加教諭は、A～Hの8チームの中から事前に指示された特定の1チームを観察し、表4に示した「教材」と「子どもの学習」の2つの観点を中心に各自が気づいた事項を付箋に書き、指導案の該当する場面に貼り付け、授業観察記録を作成した。「教材」の観点は「学習する内容を明確にする手立て」という研究部の方針、「子どもの学習」は「課題解決に向けたかかわり合いを促す工夫」という研究部の方針をもとに協議を深めるために設定された。

表4　授業観察と協議会の意見交流の観点

教材	課題を明確にするための簡易化されたゲームになっていたか
子どもの学習	子どもは課題にせまるかかわりをしていたか

1時間39分の協議会では、最初に12分間授業者の前田教諭が実践授業の自評を行った後、観察者らが事前に指示されたチームごとに集合し、ABチームのようにして2つのきょうだいチームを担当する教諭が一緒になり発表班を構成した。各発表班では、参加者全員の発言を促しながら、22分間かけて摸造紙大に拡大した学習指導案に、図4のように授業観察で記録した感想の付箋を貼り付けて授業観察記録を作成する学習活動を行った。そして、27分間かけて4つの発表班の代表が、各発表班で交流した観察内容を表3の観察観点とその他の観点に区分して発表した。

その後、校長に続き、大学教員、指導主事の外部指導者、さらに教頭が、観察した研究授業と協議会のそれまで

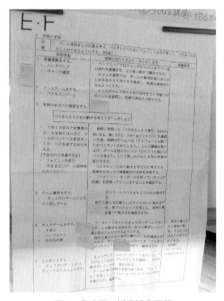

図4　発表班の授業観察記録

の発表について35分間かけて感想と意見を発表した。協議会では21回の発言があり司会者以外に9名が発言した。

　協議会では、主に研究部の示した2つの授業観察と協議会の意見交流の観点に即して話し合いがすすんだ。そこでは、「教材」に関しては、「チーム練習の時に2対1のフェイントに絞った方が良かったのではないか」等の授業改善の提案が得られ、「子どもの学習」については、「見る相手の子どもが見取ってくれてなかったら、すごくいい動きをしていてもなかなか評価されない」という意見や、「ディフェンスが分からない子にマンツーマンでつくことを教える声かけ」という授業改善の提案が出された。

　他方、指導助言者からは、研究部の示した2つの観点以外に、校長より「ルールの学習」をどう位置付けているのかという質問が出され、大学教員から、本時の「ボールを運ぶ局面」以外に、「得点する局面」の練習を単元計画に位置付けることが必要と授業改善の提案が出された。

　研究部から授業観察と協議会の意見交流の観点が示されたことにより、協議会の話し合いの焦点は明確になった。しかし同時に、観点以外の意見を出しにくいことにもなった。それまでの協議会の話し合いの成果を確認するとともに、協議の観点や参加者の発言を越えて研究授業の改善に必要な助言をすることが、指導助言者に期待されることを学んだ協議会となった。　　　　　　　　　（木原成一郎）

【文献】

木原成一郎・久保研二（2015）小学校体育授業に関する教師の学習過程：研究授業後の協議会における談話分析を中心に．体育学研究，60（2）：685-699.

3.4 研究主任として研究授業を実施した経緯と実践者の意図

前田心平

1. はじめに

　戸坂小学校では、平成 27 年度に第 54 回全国学校体育研究大会広島大会の会場校として授業公開を行った。私は平成 26 年度から、本校での体育研究推進担当を任されており、体育科授業づくりについて、研究を進める立場にあった。平成 27 年度の第 54 回全国学校体育研究大会広島大会では「学習する内容を明確にし、課題解決にむけてかかわり合う体育科授業づくり」という研究主題のもと、「ゲーム」及び「ボール運動」領域の中でも、主にゴール型の教材を扱い、6 年間の指導内容を系統立てた提案を行った。平成 28 年度は新たに研究部長となり、体育科授業だけでなく、学校全体を見据えた研究の推進を任されることとなった。

　本稿では、前年の全国学校体育研究大会の課題を踏まえ、平成 28 年度に体育科の授業研究をどのように推進していったかを中心に述べていきたい。

2. 校内研修を進めていく上での具体的な取組

(1) 前年度の研究の課題から

　平成 27 年度、体育科「ゲーム」及び「ボール運動」領域を中心にした授業研究では、系統性を図った指導計画に基づいた授業研究を通して、子ども達の意欲と共に運動に対する知識や技能が向上したことも明らかになった。しかしながら、子ども達の主体的なかかわり合いや思考力の向上においては課題も残されていた。

　実際の授業場面において、子どもたちの技能や意欲は向上すれど、課題の解決に向けて、子どもたちが主体的にかかわり合いながら思考が深まるような場面設定が上手くいったという実感はあまりなかった。このことは平成 27 年度末の教員アンケートからも明確であった。

　そこで、体育科研究の 3 年次にあたる平成 28 年度は思考力の高まりを感じられるような体育科学習を創り出していくことを研究推進の根幹とした。

(2) 研究領域と教材の決定

　平成28年度の方向性を決めるにあたって、それまで研究を進めていた「ゲーム」及び「ボール運動」領域でなく、他の領域で研修を進めていくことも案としてあがったが、3年次も引き続き、「ゲーム」及び「ボール運動」領域に絞って研究を進めることとした。

　思考力の育成においては、基礎的な知識や技能の習得が図られていることが必要条件であると考えたからである。これまでの2年間にわたる取組によって、「ゲーム」及び「ボール運動」領域においては、児童にある程度の知識、技能が身についており、さらに教員自身も「ゲーム」及び「ボール運動」領域については、知見が深まっていた。このスタートラインに立てば、思考力の育成に重点を置いて研究を推進することができると考えた。また、「ゲーム」及び「ボール運動」領域は、チームで行う運動なので、コミュニケーションが必須となり、その話し合いの場を通して、思考力の向上がさらに図られるであろうと考えた。

　次に考えたことが「扱う教材を何にするか。」ということである。研究を進める上では、教材を絞った方が学年をこえて、より深い研究が進められると考えていたので、扱う教材については多くの議論を行った。

　結論からいうと「ネット型」の教材を扱うこととしたのだが、そこに至るまでの経緯を紹介したい。

　前年度にあたる平成27年度は、ゴール型の教材を扱っていた。具体的にいうと「バスケットボールを基にした簡易化されたゲーム」や「ハンドボールを基にした簡易化されたゲーム」である。ゴール型の教材は、他のベースボール型やネット型に比べ、運動経験がある児童が多く、実際の授業の中でも初めからある程度の技能が備わっている児童が多くいた。また、基本的なボール操作が「捕る」「投げる」といった比較的簡易なものであり、どの児童も抵抗を感じることなく取り組めるという利点があった。一方で、運動経験がある児童とない児童では、技能差が大きく、それに伴って、動き方に関する認識や理解という面でも初めから大きな開きがあると感じていた。最初から大きな開きがある児童同士を同じ土俵で思考させていくことに難しさも感じていた。例えば、「作戦を立てる」ということを例にあげると、運動経験のある児童とない児童では議論の質自体に差が出てしまう。同じ土俵に乗るまでにどうしても時間がかかってしまい、児童同士のかかわりの中で思考が深まっていく場面は運動に関する基礎的な知識や技能が身についた単元の中盤から終盤近くになってしまうという課題があった。

平成28年度は、児童同士で思考を深め、表現していく場面をより多く設定したいと考えた。そこで、基礎的な技能の習得が難しい「ネット型」と「ベースボール型」に着目した。ネット型「バレーボールを基にした簡易化されたゲーム」を例として挙げると、レシーブ、トス、アタックといった動きは非常に難しく、なかなか身につくものではない。

　その点から考えると、ルールを簡易化していくことで誰もが楽しめるゲームにしていくことが必要になる。そこで、この「ルールづくり」に視点を当てた授業研究を進めていくことを大まかな研究の方向性とした。そして、各学年で扱う教材を表1のように示した。

表1　「ゲーム」及び「ボール運動」領域　各学年で扱う教材

	ゴール型（ゲーム）			ネット型 （ゲーム）	ベースボール型 （ゲーム）
	（手）	（足）	（侵入型）		
1		鬼遊び・ボール投げゲーム・ボール蹴りゲーム			
2		鬼遊び・ボール投げゲーム・ボール蹴りゲーム			
3	ポートボール （技能）		タグラグビー （戦術）		ハンドベース （規則）
4	ポートボール （技能）	ラインサッカー （規則）		ソフトバレー （規則）	
5	ハンドボール （技能）		フラッグフット （戦術）		ティーボール （ルール）
6	バスケットボール （技能）	サッカー （ルール）		ソフトバレー （ルール）	

※四角で囲ったものが平成28年度に扱った教材である

(3) ルールづくりに視点を当てた研究

　それまでに、体育科「ゲーム」及び「ボール運動」領域において、子ども達が思考を働かせながら話し合い、合意形成をし、ルールを工夫していく活動に視点を当てた授業づくりを行うという大まかな方向性が決定した。

　しかし、どのように研究を進めていくのか具体的な指針を示すことが研究部としての大きな課題となっていた。

　そこで、本校で体育科の研究を始めた平成26年度当初から指導をいただいている広島大学の木原成一郎先生と相談し、研究の方向性を次のように示した。

①ルール改変の目的の共有

　一概に「誰もが楽しめるゲームになるようルールを改変する」といっても、「楽

しい」と感じる基準はそれぞれ異なっており、仮に授業の中で「誰もが楽しめるルールにしましょう。」という言葉かけをしたならば、多様な答えが返ってくるであろう。そこに統一性がなくなってしまうと、子どもたちの思考もまとまりがなくなってしまい、深まりが生まれにくいと考える。

　そこで、ルール改変の目的を「誰にでも勝つチャンスがあること」いわば「技能差に関わらず、どの子どもも活躍できること」とし、研究を進めることとした。

　この目的に合わせて「ルールづくりの約束」を各学年ごとに子どもたちと考えていく活動を取り入れた。この「ルールづくりの約束」は新しいルールが妥当なものかどうかを子どもたちと判断する基準として活用した。

表２　ルールづくりの約束

【ルールづくりのやくそく】（低学年） ・みんながボールをさわれる ・みんなが守ること ・みんながわかりやすいこと　　など	【ルールづくりの約束】（高学年） ・安全 ・不公平のない ・分かりやすい ・技能差に関係なくみんなが楽しめる　　など

②各学年におけるルールづくりの学習

　続いて、それぞれの学年の発達段階に合わせてルールづくりとして学習する内容を図１のように示した。

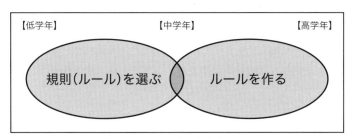

図１　ルールづくりで学習する内容

　低学年においては、いくつか提示されたものの中から、「規則（ルール）を選ぶこと」を課題とし、高学年になるにつれて、合意形成しながら「ルールをつくること」を活動の中に位置付けた。

　このルールの学習において一番重要と考えたことがルールを改変する「必要性」を子どもたち自身に感じさせることであった。その考えから、技能の習熟が難し

い「ネット型」と「ベースボール型」の教材を扱い、ルールの改変に子どもの思考を向けていった。もちろん、この学習で「技能」を軽視するわけではない。子どもの技能が身についてくれば、その都度また新たなルールに改変する必要性が出てくるであろうと考えていた。いわば、技能の高まりとルールの改変は表裏一体のものであり、技能が高まればルールの改変が必然的に生まれてくる。児童に「ルールの改変をしても良い」と示しておくことで「もっとこんなルールがあれば楽しくなるのに」といった言葉や「今の自分たちであればこんなルールの方がより楽しくなりそうだ。」と思考をめぐらす子どもの姿を期待した。

　これまで、教材をどのように配列し、系統的に学習する内容を示してきたことを述べてきたが、体育科の研究推進に当たっては、これからさらに、教材に「系統性を持たせて配列する」という視点がとても大切になってくると考える。

　6年間を通して、どの段階で基礎的な「知識・技能」を身につけさせ、既習の「知識・技能」がどの場面でどのように活用されるかということを意識して校内で教材の配列について再考していくことが必要だと感じる。

　例えば、ボール運動領域以外を例で挙げると、器械運動領域において、低学年で身につけた「腕支持」や「逆さ」の「知識・技能」がマット運動の逆立ちや跳び箱運動の台上前転の学習の際に活用されていくことを意識し、学習内容を系統立てて捉えるといったことや、鉄棒運動の後方片膝掛け回転と後方支持回転のなど、運動のポイントが似ている教材の配列を考えるといったことが大切である。

　私自身、この教材の配列については頭をとても悩ました部分であった。

　この学習内容を精選し、6学年を通して、既習の知識・技能が次の学年でも生かされることを意識して教材を配列するということが、必ず最初に取り組んだことである。

（4）校内体制の変化と研究授業の持ち方について

　平成27年度末の時点で、前項までに述べてきた研究の大まかな方向性は固まっていた。そしていよいよ体育科研究の3年次にあたる平成28年度になったわけであるが、学校現場では毎年、人事異動があり、平成28年度ももちろん、新しく赴任された方、転勤された方も多くおられた。研究部としては、これまでの研究がどのように行われており、平成28年度はどういった方向で研究を進めていくのか年度初めの早いうちに示すべきだと考えている。しかし、そうはいうもの

の、年度初めはクラス開きやたくさんの学級事務、その他の研修もある中で、なかなか落ち着いて授業研究の話をする時間がないというのが現状であろう。

　また、研修の中で、研究の方向性について伝えるときも、口でいうのは簡単だが、いざ実際の授業のイメージを持つまでには至らないというのが課題としてあると感じている。

　研究の推進に当たっては、まずは授業を実際に見てもらい、具体的なイメージを持ってもらうことが大切なのではないかと考えている。平成26年度に本校に赴任してきた当初、体育科授業研究の推進を任された私はまずは自分の授業を先生方に見てもらい、具体的な授業のイメージを持ってもらうことに徹した。

　平成28年度も、その思いは変わらず、まずは4月当初に理論研修を行った後、4月末に全体授業研究の時間を組んでいただいた。ここで「ルールの学習」の授業提案を行ったわけであるが、正直、授業としては課題が多く残るものとなった。しかし、その後の協議会でたくさんの改善点が出たことで、他の先生方も私の改善点も踏まえて授業研究を進めてくださったのではないかと考えている。

3. おわりに

　本項では「研究主任として校内研修を推進した経緯と意図」について述べてきた。平成27年度の取組から見えてきた課題を「ルールの学習」を通して克服しようとしたわけであるが、「3.2　体育主任として校内研修を推進した経緯と意図」の中でも述べたように、教職員が共通の授業のイメージを持つことが研究推進には欠かせないと感じている。同じ方向を向いて研究を進めていくことが大きな成果につながるのではないかと考えている。

　次節では4月にモデル授業として行った「バレーボールをもとにした簡易化されたゲーム」の実際と成果、課題について述べていきたいと思う。

ルールづくりに視点を当てた ボール運動の学習 ―第6学年 ボール運動

ネット型 「バレーボール」の実践を通して―

前田心平

1. はじめに

　本校では、体育科の授業研究を3年間に渡って取り組んでおり、3年次にあたる平成28年度は思考力の高まりを感じられるような体育科学習を考察していくことを研究推進の根幹としていた。そこで、「ゲーム」及び「ボール運動」領域の中でもネット型の教材を扱い、「ルールづくり」に視点を当てた授業研究を進めることとした。新年度が始まり、新たに赴任された先生もいる中で、研究の推進に当たっては、まずは授業を実際に見てもらい、具体的なイメージを持ってもらうことが大切なのではないかと考え、まずは研究を進める自分自身が授業を行うこととした。

　本稿では、平成28年度4月に、モデル授業の意味合いを含めて行った第6学年「バレーボールを基にした簡易化されたゲーム」の単元の授業実践を紹介する。

2. 授業改善のねらい

　ボール運動は、普段から競技している子どもがいる一方で、体育の授業でその運動に初めて取り組むという子どももおり、運動経験が技能の差に顕著に表れる。特に、基礎的な技能の習得が難しい「ネット型」（バレーボール）においては、レシーブ、トス、アタックといった動きの習得は非常に難しく、なかなか身につくものではない。その点からも、ルールを簡易化していくという考えが必然的に生まれ、「みんなが楽しいゲーム」にするためのルールを思考しながら運動に取り組んでいく子どもの姿を想定した。

「みんなが楽しい」と一概に言っても、「楽しい」と感じる基準はそれぞれ異なる。そこで、ルール改変の目的を「誰にでも勝つチャンスがあること」いわば「技能差に関わらず、だれもが活躍できること」とし、研究を進めることとした。

　この授業では、その考えを踏まえて、「ルールづくりに視点を当てたボール運動の学習」をどのように進めていき、そこから見えてきたことを述べていきたい。

3.「バレーボールを基にした簡易化されたゲーム」の単元の概要

【期間】平成 28 年 4 月（全 8 時間）

【対象】広島市立戸坂小学校 6 年生（30 名）

【単元目標】

○チームの連係による攻撃や守備によって、攻防をすることができるようにする。
【技能】

○運動に進んで取り組み、ルールを守り助け合って運動をしたり、場や用具の安全に気を配ったりすることができるようにする。　　　【関心・意欲・態度】

○連携したプレーができるためのルールを合意することができる。【思考・判断】

表 1　単元計画

1	学習の進め方を知る
2	試しのゲームを行う
3・4	ルールを工夫してゲームを行う
5・6	工夫したゲームのもとでルールを向上させる
7	連携したプレーができるルールを合意する
8	バレーボール大会を行う

4. ルールづくりに視点を当てた「ネット型」バレーボールの学習

(1)「ルールづくりの約束」の提示

　単元序盤で、ルール改変の目的を「誰にでも勝つチャンスがあること」いわば「技能差に関わらず、どの子供も活躍できること」とした。その上で、実際にルールを変えていく活動では、そのルールが適当なものか明確な基準が必要と考える。どんなルールでもその時の気分次第で決められるのでなく、そのルールが妥当なものか基準と照らし合わせることでルールの公平性を保つようにした。

　本単元では、「ルールづくりの約束」（図 1）を子どもたちと考えていく活動を取り入れた。本単元では、ルールは必ず「みんなの意見を取り入れてつくるもの」とし、その上で、①「不公平がなく」②「分かりやすく」③「みんなが参加できる」ルールを採用していくこととした。この「ルールづくりの約束」は新しいルールが妥当なものかどうかを判断する基準となった。

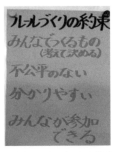

図1　ルールづくりの約束：ルールを改変する際には「ルールづくりの約束」が基準となった

（2）はじめのルール

　私はこれまでネット型の学習を進めるときには、その時の子どもの実態に合わせて、「レシーブはキャッチしても良い。」といったように、あらかじめある程度簡易化したルールを提示してきた。そのゲームの中で、主にボールを持たないプレーヤーの動きなどに視点を当てて、学習を進めてきた。しかし、限られた時間の中で、技能を習熟させていくことに難しさも感じていた。

　本単元では、技能面の難しさをルールの改変によって、誰もが楽しめるゲームにしていくという考えのもと、研究を進めていたので「はじめのルール」も子どもたちの大半が難しさを感じるものにした。まずは「このゲームはこのままでは難しい。」「ルールを変える必要がある。」という必要感を感じさせることに主眼を置いたからである。本単元において示した「はじめのルール」は以下の通りである。

〈はじめのルール〉
・ゲームの人数は3対3とする。
・ゲーム時間は7分間とする。
・連続してボールに触れてはならない。
・サービスラインの後ろから山なりのサーブをする。
・3回以内に相手に返せなかった場合は相手チームに1点はいる。
・得点したチームのサーブで始める。
・サーブ権が相手チームから自分たちのチームに移ってきたらローテーションする。

図2　「はじめのルール」の提示

（3）実際の授業

　実際の授業はどのように進められたのかここでは、4月の校内研修にモデル授

業の意味合いを含めて行った第 3 時の授業を例に述べていきたい。

　子どもたちは、前時までに、ネット型のゲームの進め方を理解している。第 1 時で試しのゲームを行った後、サーブが入らず、ラリーがほとんど続かなかったことから、第 2 時では全員の合意のもと、「サーブが入らない人については下から投げても良い」とルールを改変していた。サーブを簡易化した第 2 時においても、ラリーはほとんど続くことなく、連携による攻撃や守備はできていない状況であったため、本時である第 3 時においては、ルールづくりの約束に基づき、ルールを合意しながら決め、全員が楽しめるよう工夫していくことをねらいとしていた。大まかな授業の流れを以下に示す。

①ドリルゲーム 　毎時間、ドリルゲームとして円陣パスを行い、ゲームに必要な技能の習熟を図った。 　ここでは、主にボールの落下点にすばやく移動することを意識させた。	
②めあての確認 　前時のふり返りから「ラリーが全く続かず楽しくない」という子どもの思いから「全員が楽しいゲームにするためにルールを工夫する」というめあてを提示した。	
③ルールを考える 　「ルールづくりの約束」を基準にルールを考える活動を取り入れた。 　ここでは「ワンバウンドあり」というルールを採用した。	
④ゲームをする 　新しいルールで実際にゲームを行い、「誰もが活躍できるゲーム」（楽しいゲーム）となっているか確かめる。	
⑤ふり返り 　新しいルールでゲームを行って、わかったことや気づいたこと、その他、ルールを変えても難しかったことをふり返る。	

図 3　授業の流れ

　今回の授業は「ルールづくり」に焦点を当てた授業提案を行ったので、特に上記の「③ルールを考える」活動をどのように進めていくかを提案したかったのだが、はっきり言って、全く上手くいかなかった。その理由は後の協議会で検討されていったのだが、モデル授業としては十分でなかったと言える。

しかし、この段階で、1つの授業について、全教員で議論できたことで、また新たな知見が得られたことは成果といって良いと思われる。

5. 協議会において

協議の中心となった、この授業の課題や改善点についてここでは記しておきたい。授業を参観してくださった教員の意見として多かったのはルール改変の根底にある「誰もが楽しい」という概念がまだ子どもたちの中では共通のものとなっておらず、「楽しい」という定義があやふやなままであったのではないかということであった。

本時までに子どもたちは確かに「ラリーが続かないから楽しくない」という思いは持っていた。私はここから「ラリーが続く」いわば「全員が活躍できるルールを考えていく」とめあてにつなげていったのだが、そのつなげ方が子どもの思考に沿っていなかったのではと考えさせられた。

6. おわりに

本項では、平成28年度、ルールづくりに視点を当てたボール運動の授業のモデル授業としての意味合いを込めて行った授業であった。しかし、本時での「ルールを考える活動」に子どもの生き生きとした姿はさほど見られず、子どもたちがルールを改変したことで「楽しい」と感じる場面は少なかったように感じている。

研究主任という立場からいえば、4月の授業提案は、目指す授業の形を示すことができるのが一番であるが、そう上手くいかないときもある。

しかし、その原因や改善点を、協議会で同僚の教員や講師の木原成一郎先生と検討できたこと、何よりもこの協議会の時間が意義深いものになったと感じている。

さらに、その後、この授業の改善点を踏まえ、当時、同学年であった横矢綾乃教諭が11月に同じ研究テーマで同じ単元の授業を実践された。

3.6 課題解決に向けたルールづくりを取り入れたボール運動の学習 ―第6学年　ボール運動 ネット型 「ソフトバレーボール」の実践を通して―

横矢綾乃・木原成一郎

1. はじめに

　私は教員2年目となった平成26年度のプレ全国大会では4年生「ポートボール」、翌年の第54回全国学校体育研究大会広島大会では3年生「体つくり運動」の授業公開を行い、体育科の授業づくりについて基本から学んできた。2年間学んだことを生かしたいと思い、平成28年度の公開研究会でも6年生「ソフトバレーボール」の授業公開を行った。同学年の担任であり、研究主任でもある前田教諭が4月の校内全体研修会で同じ「ソフトバレーボール」の授業公開を行い、また、9月の校内全体研修会でも4年生を対象として、同校教諭が「ソフトバレーボールを基にした易しいゲーム」を公開した。2つの公開授業の成果と課題をもとに、前田教諭の指導のもと授業構成を練り直しながら授業づくりを行った。前年度までに引き続き「協同して課題を解決し、互いに認め合う子どもを育てる」という研究主題のもと、当年度は「ルールの合意形成」に重点を置いて取り組んだ。

　今回は、公開研究会で行った6年生を対象とした「ソフトバレーボール」の授業実践を紹介する。

2. 研究授業のねらい

　アタック・トス・レシーブの3つの技能に加えて瞬間的な体の移動を伴うソフトバレーボールでは、技能面において経験差や個人差が大きい。本単元を通して、連係プレーやアタックを決める楽しさを全員が味わうことができることを目標とした。そのために、ルールを工夫する中で味方が受けやすいようにボールをつなぎ、相手コートに打ち返す技能を身に付けさせることをねらいとした。児童に行った事前アンケート（7月実施）では、「ソフトバレーボールの授業で、どのようなことができるようになりたいか」という質問に対して80%以上の児童が「アタックが打てるようになりたい」と回答した。そこで「チームで連携して

アタックまで打つ」ことを「全員が楽しめるソフトバレーボール」と位置づけた。しかし、ほとんどの児童は、ソフトバレーボールの運動経験がなく、全8時間の中でサーブ、レシーブ、トス、アタックの4技能を高めて連係してアタックまで打つというのは難しいと考えた。そこで今回は「アタックを相手コートに打つ」場面に重点を置き、そのために児童がルールを合意しながら選ぶことにより、アタックの場面以外の技能の簡易化を図った。そして、「チームでボールをつないでアタックまで打つためにはどのようにルールを工夫したらよいか」という学習課題を明確にし、授業を展開した。

3. 授業の実際

【期間】平成28年11月（全8時間）
【対象】広島市立戸坂小学校6年生（31名）
【単元目標】
○チームの連係による攻撃や守備によって、攻防をすることができるようにする。
　【技能】
○運動に進んで取り組み、ルールを守り助け合って運動をしたり、場や用具の安全に気を配ったりすることができるようにする。【関心・意欲・態度】
○ボールをつないでアタックが打てるようにするためのルールを選ぶことができる。【思考・判断】

(1) 指導計画の作成

表1　単元計画　第6学年「ソフトバレーボール」全8時間

時数	学習段階
1	学習の進め方を知る。基本技能の練習。
2	試しのゲームを行う。（サーブは投げ入れる）
3・4	ルールを工夫してゲームを行う。
5・6	工夫したルールのもとで技能を向上させる。 （ボールの方向に体を向けてつなぐ。ボールをすばやくつなぐ。）
7・8	ソフトバレーボール大会を行う。

　単元計画作成の際には、事前アンケートや基本技能の練習をふまえて「アタックまで打つ」という「学びたい内容」を単元の中に位置づけ、「ルールを工夫する必要性」を重視した。そこで、単元の初めの段階で、プロのバレーボール選

手がプレーしている動画を用いて連係プレーのイメージを持たせ、通常ルールのまま試しのゲームを行い、アタックまで打つことの難しさが実感できるようにした。そこから、「アタックまで打つために、ルールを工夫する」という必要性へつなげ、授業を組み立てていった。

(2) ルールの合意形成を行うための指導の工夫について

　児童が課題解決に向けて主体的にかかわり合い、合意形成を行うために、以下の3つに重点を置いた。以下、研究授業で行った第3時の場面である。

①ルールの合意はミニゲーム後に行う 　経験の少ない児童にとって、工夫したルールがうまくいくかどうかは、やってみないと分からない。そこで、1時間の授業の前半部分で、工夫したルール案をもとに、うまくいくかどうか試行してみるミニゲームの時間を設けた。その後、児童の意見や感想をもとにルールを合意し、再度ゲームを行うという学習の流れをつくった。	
②話し合いは小グループから全体の場へ 　試行のゲーム後、すぐに全体の場での意見交流にすると、率直な感想や意見を言いにくい児童もいると考えられる。そこで、はじめにグループの中で「ルールを工夫したことにより、アタックまで打つことができるようになったか。」について感想や意見を交流する場面を設けた。そこでの話し合いをふまえ、全体で共有することにより、児童の率直な意見を反映した合意形成ができると考えた。	
③客観的な記録をもとにした判断 　「やってみて、よかった。」「やりやすかった。」といった主観的な感想だけでなく、ルールを合意していく際には客観的な事実も必要である。そこで、記録係をつくり、ゲーム中に「ボールを3回つないでアタックまで打つことができたかどうか。」を視点に記録をとらせた。この記録をもとに、チームで今回のルールの変更による技能の向上を実感しやすくする、もしくは次の課題へとつなぐことができるようにした。	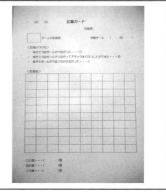

図1　「ソフトバレーボール」第3時の授業場面・記録カード

(3) 授業の実際

第2時で行った試しのゲーム後、以下のような課題が児童から挙がった。

> ○アタックまでボールがつながらず、レシーブがどこかにとんでいってしまう。
> ○レシーブをすると、思ったところではいないところにとんでいく。パスをしても、レシーブやトスされないまま、地面に落ちてしまう。
> ○相手からの投げ入れたサーブですぐ点が決まってしまう。

1球目が、思い通りの方向にとんでいかないため、2球目につながらないと考える児童が多くいた。そこで、本時（第3時）では、以下のルールを提案した。

①「相手からの返球を直接キャッチし、味方に投げる（1球目）」

②「トスをする（2球目）」

③「アタックを打つ（3球目）」

しかし、試行した後の話し合いで、「このルールによってアタックまで打てるようになった」と答えた児童がほとんどいなかった。その原因としては、1球目をキャッチするというルールに慣れる時間が不十分だったこと、1球目ができても2球目でうまくつながらずアタックまでたどりつけなかったことが考えられる。ルール変更をするか戻すか迷ったが、「このルールを変えて学びたい」という児童の必要感が不足している状態では、ルールの変更は難しいと判断し、通常通りのルールに戻して行った。

結果的に、「アタックまで打てるようになった」というレベルまで到達しなかったため、「チームでボールをつないで、アタックまで打てるようにするためのルールを合意することができる。」という本時のねらいは十分に達成できなかったといえる。

その後、協議会で参観者の方から「アタックまで打つ、という目標のために子どもたちにとって必要な変更部分は、1球目ではなく、2球目のトスの部分だったのではないか。」という助言をいただいた。1球目の課題を解決し、2球目の課題へ…と攻撃の時間軸に沿ってルールを変更する学習計画だったが、「アタック」の場面に直結するのは、何より2球目の「トス」の場面であった。私が児童の実態とねらいを的確に判断することができていなかった。そこで次時では、1球目のルールはそのまま、2球目をキャッチし投げ渡し、アタックをする、というルールを提案して試行した。すると、多くの子どもたちは「アタックまで打てるよう

になった。」と答え、喜んだ。アタック成功数も、1ゲーム4回（第3時）だったのに対して、13回（第4時）まで向上した。

　ゲームにおけるルールを変えることにより、子どもたちの充足感も大きく変わり、的確にねらいにせまることができると分かった。

4. 成果と課題

〈成果〉

　①本単元実施前と実施後に行ったアンケート結果を比較したところ、「ボール運動は好きですか。」という項目に対し、「はい」と答えた児童が22人から26人（90％）となった。またその理由として、「ルールを変えてみんながアタックを打てるようになったから。」「ボーナスポイントなどのルールをみんなで決めたことが楽しかったから。」などが挙げられた。このことから、ルールを合意し、工夫していく活動を取り入れることにより、みんなが楽しめるゲームになったと考えられる。また、「ボール運動が楽しいと感じるときはどのようなときか」という質問に対して「アタックが決まったとき」という項目を選んだ児童は29人となり、学級のほぼ全員がアタックの楽しさを感じることができた。

　また、記録カードを集計すると、1つのゲーム中、チーム内でボールを3回つなぎ、アタックまで打つことができた回数は、第2時では平均4回だったのに対し、第7時では、平均10回となり、ルールを工夫したことにより、アタックまでつながるようになったと考えられる。

　②プレー内での拍手やハイタッチ、プラスの声かけなどの行動を「グッドチームアクション（GTA）」として児童に示し、積極的に取り上げた。このことにより、チーム内の雰囲気が向上し、楽しく取り組める児童が増えた。また、学級経営にも生かすことができた。

　③単元を通して、授業の始めにドリルゲームで円形パスを毎回行ったところ、どのチームも、パスの回数が向上した。ルールを簡易化しながらも、継続してアタック練習や円形パスに取り組むことにより、基本的な技能が向上し、ゲームに生かすことができたと考える。

〈課題〉

　児童の「学びたい内容」と教師の「学ばせたい内容」にずれが生じたことにより、児童にとって必要のないルールができてしまった。児童の実態と課題を正確

にとらえ、学習課題を設定する難しさを感じた。

　学校全体で3年間体育科の研究に取り組み、本年度はESDの視点「批判」「伝達」「協力」の3つに焦点を当て、かかわり合う授業づくりを目指してきた。特に今年度は「ルールの合意」を柱として授業を考えたが、児童のかかわり合う力は、体育科の授業内だけでは養えないという課題が校内から挙がった。この課題を本校の課題としてまとめ、次年度からはかかわり合いの力を国語科の授業を通して培いながら体育科や他教科に生かしていくということになった。（横矢綾乃）

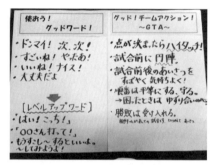

図2　グッドワード・GTA

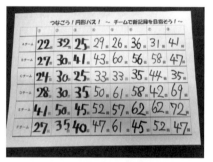

図3　円形パス記録表

〈研究授業後の協議会での質疑応答〉

　横矢先生は教員養成段階で体育科を専門的に学んだわけではない。ところが、初任校で3年間体育科を研究教科とする校内研修を経験したことで体育科の授業研究の面白さにはまった先生である。特に横矢先生は体育の授業を工夫することにより、子どもたち同士の仲間意識や人間関係がかわり、学習規律や仲間作りという学級経営の面で大きな成果が生まれたことを強調されていた。このような背景から、戸坂小学校が思考力の高まりを感じられるような体育科学習をめざし、ネット型の教材を扱い、「ルールづくり」に視点を当てた授業研究を進めることに積極的に参加された。

　横矢先生の研究授業後の協議会では他校からの参観者が発言された。教師の提案したルール改編を子どもたちが採用しなかったことに参観者の意見が集中し、次のような子どもの学びの事実に基づく問題点が指摘された。「3回で返すという教師の意図を十分理解できていない。」「同じ人が2回パスしてしまうこともあった。」「レシーブ、トス、アタックという動きを意識する知識が必要なのではないか。」「ルールの改変の効果が子どもにおちていない。」「1人目より2人目

キャッチ有りのトスを先にしたほうがアタックは増えるのではないか。」

　協議会後、授業者と研究主任、指導助言者等が校長先生のおられる校長室に集まり再度協議を続けた。教師のルール変更を子どもたちが支持しなかった理由について話し合った。参観していた付属小の体育専科教員は、3段攻撃の中で最も困難な技能はトスの技能なので「1人目キャッチ有りより2人目キャッチ有りのトスを先にしたほうがアタックは増える」という協議会の意見の妥当性を説明した。指導助言者の私は大学のバレーボールの実技を例にして、最初にネット際でアタックを教える時、トスの高さと方向を安定させるためにセッター役に必ず投げ上げトスをさせて、アタッカーの跳ぶタイミングにあわせることを紹介した。そして、4チームのうちの3チームは1人目から2人目に比較的ボールがつながっているのでルール改編が支持されなかったのではと伝えた。横矢先生は、バレーボールの技能についての知識が十分でないことを反省するとともに、次回の授業で2人目のキャッチトスを採用されることになった。そのルール改編の効果は報告で書かれているとおりである。体育科を専門的に勉強する機会をもたなかった小学校の先生方が運動教材の知識を得る機会を提供する授業研究の意義を再認識することになった。

（木原成一郎）

3.7 校内研修における研究主任の働きかけ（1）

栗塚祐二

1. はじめに―前年度（平成 26 年度）までの取組

本校は広島市内にある、全校児童 500 名程の学校である。広島駅や繁華街から近く、中心地に位置する。

校内において、平成 24 年度までは「知（学力向上）」を、平成 26 年度までの2 年間は「徳（思いやりの心）」を重視した研究を進めてきた。特に平成 25 年度からは「心の育成」に重点を置き、いじめを撲滅するとともに児童の「思いやりの心を育てる学級・授業づくり」に努めてきた。「ルールを守って、上手にかかわり、いのちを守ろう！」を合言葉に、特に次の 3 点を中心に取組を進めてきた。

① いじめを撲滅することはもちろん、その早期発見や予防に努めるために、QUテスト、生活振り返りシート、児童面談等をリンクさせて客観的診断及び個別対応を実践した。

② 6 年間の育ちを見通し、社会生活につなげていくための具体的取組を一覧にした「キャリア支援プラン」をもとに、全教育課程を「ルール」「いのち」「かかわり」の 3 つの視点から分類整理し、各学年の「思いやりの心を育てる」プログラムを作成した。

③ 授業研究の柱を「学級活動」とし、各学年の実態に応じた「かかわりスキル」の定着を図った。

その結果、一様の成果を上げたため、平成 27 年度からは、これまでの取組を踏襲しながらも新たな視点として、本校児童の課題でもある「体（体力向上）」にも目を向け、新たな研究テーマを設定した。

2. 学校教育目標を実現するための体育科授業研究の位置付け

私は平成 27 年度より研究主任を拝命した。前年度の研究と本年度の研究をどう結びつけるかということに頭を悩ませた。まずは目指す子ども像の具現化を図るために、今年度（平成 27 年度）のサブテーマを「たくましい子どもを育てる〓プログラム（体育科）の実践を通して」と設定した。「たくましい子どもを育

てる蟻プログラム」とは、昨年度（平成26年度）本校が独自に作成した「思いやりの心を育てる蟻プログラム」に準ずるものであり、心と体を一体としてとらえる「体育科」の学習に焦点化したプログラムである。

　そもそも、体育科の教科目標は、「心と体を一体としてとらえ、適切な運動の経験と健康・安全についての理解を通して、生涯にわたって運動に親しむ資質や能力を育てるとともに健康の保持増進と体力の向上を図り、楽しく明るい生活を営む態度を育てる」ことであり、その内容においては、「きまりを守ること」や「仲良く助け合って活動すること」が重視されている。つまり、本校の学校教育目標である「思いやりの心をもつ、たくましい子どもの育成」の実現に最適な教科だと考えた。また、昨年度本校が全教育活動の合言葉として取り組んできた「ルールを守って、上手にかかわり、いのちを守ろう！」を教科学習において具現化する上でも適した教科になり得ると考えた。

　研究を進めるに当たっては、誰もがすぐに覚え、いつでも意識できるような簡潔な研究仮説を設定したかった。そこで、体育科授業づくりで大切にしたい要素であり、且つ授業後の協議会で協議の柱になりえる要素として「場づくり」に目を付け、さらに、付けたい力を「体力」という言葉に置き換えることで、以下のように研究仮説を設定した。

> (体育科授業において)「場づくり」を工夫することで「体力」が向上するであろう。

　また、研究仮説については、以下の①から③のように検証することとした。
① 「場づくり」とは、次の3つをマネジメントすることであり、主に授業の事前研究会における指導案検討と模擬授業において検証する。

> ・「空間マネジメント」〜どこで、どんな教材・教具を用いて活動させるか。
> ・「機会マネジメント」〜何をねらい、どのような活動や言葉かけを仕組むか。
> ・「時間マネジメント」〜いつ、どのくらいの時間活動させるか。

② 本校では「体力」を次の3つの力と捉え、体育科授業の評価や「新体力テスト」、「QUテスト」、「生活振り返りシート」の結果おいて検証する。

> ・「身体力」…運動能力、体育的技能・知識→体育科授業の新体力テスト、評価の値
> ・「耐久力」…ルールを守って根気強く、最後までやり抜く力→児童の姿、QUテスト
> ・「対人力」…自分や友達と適切にかかわる力→児童の姿、生活振り返りシート

③授業事後研究会の柱を主に次の2つに設定し、教員間の協議により検証する。

Ⅰ「体力」を高めるために「場づくり」は有効であったか。

Ⅱ本時や本単元のねらいに迫る「かかわり（協働的な学び）」の在り方について。

3. 研究主任としての働きかけ

このようにして体育科の授業研究が始まったが、実際は、体育科授業を研究するというよりも、体育科授業で子どもの見取りを含めた指導方法について研修するという色合いが強かった。前年度実施した学級活動の授業研究が好評だったこともあり、年度当初は、体育科を研究教科にしたことで、教職員には戸惑いがあった。そんな中で新しく主任になった私は、以下の3つのことを実践した。

(1) 研究する運動領域の統一

体育科研究の初年度ということもあり、同一の運動領域で研究授業をするよう提案した。こうすることで、より内容が深まり、技能の系統性を含めた縦のつながりが明確になると考えた。そこで、できる、できないがはっきりする器械運動（マット運動）を取り上げることで、学年団の検討会や授業事後研究会において活発な意見交流がなされると予想したためだ。結果的に同一領域にしたことで、学年を越えた話し合いにもなり、研究が深まる結果となった（表1）。

表1　各学年ブロックで研究する運動領域

学年ブロック	目標（身に付けさせたい力）	場づくり（一部抜粋）
低学年ブロック（マットを使った運動遊び）	腕支持を意識した回転感覚や逆さ感覚を身に付ける。	・「動物ランド」の設定により、動物の動きに近付ける。 ・基礎感覚を身に付ける「ねこちゃん体操」
中学年ブロック（マット運動）	友達とのかかわりを通して技のポイントが分かり、回転技を身に付ける。	・後転に必要な「着手」ができるために、音の鳴る手袋を用いる。 ・痛みを緩和するクッションの活用。
高学年ブロック（マット運動）	安定した後転に必要な順次接触技術、回転加速技術、頭越し技術を身に付ける。	・後転倒立を後転の下位教材に位置付ける。 ・脚のはね上げの高さが分かるように、ゴムひもの活用。

(2) 事前研究会の実施

一般的に技能教科と言われている体育科の教科の特性を生かして、事前研究会（以下、事前研とする）というものを行った。事前研のねらいは以下の2つである。

①研究授業参観者の、授業における子どもの見取りに生かす。

　前転や後転をやってみることで、教員それぞれが子どもと同じ回転感覚を味わったり、運動のポイントを確認し合ったりした。また運動ができない場合には、どのような場だと、安心・安全にできるのか子どもの気持ちになって考えることができた。できない子どもが何を感じ、どのようなことを考えるのかを予想することは、授業観察における子どもの見取りにもつながった。特に本時（詳細は次節掲載）においては、「後転倒立」がどんな技なのかを知るところから、ポイントとなる頭越しの局面をクリアさせるための言葉かけや教具、安全面への配慮、苦手な子どもがいるグループでの子ども同士のかかわらせ方などを検討した。

②授業者の指導案の改善に生かす。

　運動を体験した教員同士が意見交流する中で、授業者の意図と違う教材解釈をした箇所を指摘してもらったり、さらにこうした方がよいという改善案をもらったりすることで、より実践的な指導案検討会となった。また、指導案を詳しく読み込まなくても内容を理解できることになった。このことは、忙しい学校現場において、研究授業前に指導案を配付したところで、じっくり読み込む時間を確保することは難しい問題の解決に結果としてつながった。

（3）研究通信の発行

　研究は常に更新されるものである。実態に応じて、よりよいものにしていくことが求められる。それを発信するツールとして教職員に向けた通信を作成し、発行した。職員会議を開くまでもないが、周知したいことを、タイムリーに届けるよう心がけた。

　次ページの通信は、年度当初に提案した研究仮説を修正するために発行した通信である。

　「体力」を「たい力」という言葉に置き換えることで、上述した本校独自の意味合いを持たせることにした。また、仮説を「たい力」を向上させる「場づくり」

を工夫することで本時の目標が達成できる、と修正することで、他教科でも意識できる仮説とした。職員から出た言葉を拾い上げることは、一人ひとりが校内研究に主体的に取り組む意識付けにつながった。

4. 全体での授業研究に　　向けて

　上述した3つの働きかけにより、校内において徐々に体育科研究への機運が高まってきた。さらに研究を推進するため、1回目の全体授業研は、研究主任の自分が実践することとした。自分が校内におけるモデルとしての体育授業を見せることで、

今後の授業研究の見通しをもたせようと考えたからである。授業研究のモデルとして、「場づくり」を工夫することで、子どもたちが技能を高め、生き生きと活動する姿やかかわり合う姿になるよう目指した。また、授業後の協議会では、授業者の教授行為に意見が集約されないよう、子どもの学びの事実から見取ったことを発言するよう運営した。参観者は、ふせんを用い、研究授業を観察しながら気付いたことを、良い点、課題点、改善策と色分けし、協議会において分類整理する中で検証することとした。

 3.8 研究の柱（場づくり）を中心に据えた 校内研修のモデル授業づくり

―高学年にぴったりの後転指導〜後転倒立にチャレンジ！―

栗塚祐二・木原成一郎

1. はじめに

　今回は、平成26年7月に校内で行ったモデル授業としての授業実践とその後の協議会について紹介する。

2. 研究の柱のとらえ

　場づくりを、教具の配置という狭い捉えではなく、授業をマネジメントする教師の意図を含んだ「場」として広く捉えてもらうことに努めた（図1）。前年度の研究内容を踏襲しつつ、体育科の内容に迫ることを求めたためだ。

> ・「空間マネジメント」〜どこで、どんな教材・教具を用いて活動させるか。
> ・「機会マネジメント」〜何をねらい、どのような活動や言葉かけを仕組むか。
> ・「時間マネジメント」〜いつ、どのくらいの時間活動させるか。

図1　場づくりの定義

　まず、「空間マネジメント」を示すために、思い切った提案を試みた。小学校学習指導要領には記載されていない後転倒立教材を用いて、小学校6年生の子どもたちに、突き放しを意識させて安定した後転ができるようにすることを目指した。恐怖心や技の困難さからマット運動が嫌いになる要因の1つとなる後転の授業において、柔軟性が低い6年生男子や体型に変化が出てきた6年生女子に如何に楽しく取り組ませるかを工夫した教材を開発した。小さい頃はできていたが、体が大きくなったためできなくなる子どもにとっても有効だと考えた。

3. 授業改善のねらい

　6年生（34名）の実践である。単元前に後転ができる子どもは18名であった。後転には以下の3つの基本技術が必要である。①順次接触技術②回転加速技術③頭越し技術。特に頭越し技術は後転系の技のみ必要な技術で、後転の運動の正否

を決定づけるもっとも中核的な技術である。腰が頭の上を越すところ（頭越し局面）に大きな課題があり、発展の要素も含んでいる。そこで注目したのが、後転倒立という技である。後転倒立は、回転加速技術と頭越し技術を生かしつつ、最後は必ず腰の位置を高くするために手の突き放しが必要になる技である。マット運動に大切な要素を多く含み、技が大きくなっていく様子も分かるため、子どもも意欲的に活動すると考えた。つまり、安定した後転にするために、より発展的な後転倒立に取り組むという考え方である。発展技の後転倒立に取り組むことで、技に必要な運動感覚が磨かれ、安定した後転になるだろうと予想したのである。ここで注意したいことは、後転倒立はあくまでも安定した後転につなげるための手段であり、全員ができるようになることを目指してはいないということである。共通課題を「頭越し局面における突き放し」とし、個人の技能に応じて後転と後転倒立を選択できるようにさせた。こうすることで、すでに後転ができる子にとっても魅力的な教材になると考えた。

4. 授業の実際

【対象】小学校6年生（34名）
【単元目標】
○自己の能力に合った、基本的な回転技や倒立技を安定して行うとともに、その発展技を行ったり、それらを繰り返したり組み合わせたりすることができる。（技能）
○技を高めたり、組み合わせたりする楽しさや喜びに触れることができるよう、進んで取り組むことができる。（態度）
○自己の能力に適した課題の解決の仕方や技の組み合わせ方を工夫できる。（思考・判断）

表1　単元計画（全6時間）

時数	学習段階
第1時	前転系
第2時	倒立系
第3・4時（本時）	後転系
第5・6時	連続技

　子どもたちにとって、初めて見る技であり、イメージもしにくいため、次の順序に従ってスモールステップで進めた。場づくりとしては、「機会マネジメント」

と「時間マネジメント」を授業の中に盛り込んだ。

①ゆりかごから背支持倒立ができるか。

図2　ゆりかごから背支持倒立の分解図

②ゆりかごから首倒立ができるか。

図3　ゆりかごから首倒立の分解図

③後転から腕・腰を伸ばしてどの位置の高さのゴムひもに触れることができるか。（頭が完全に離れていなくても合格）

図4　後転倒立へ向かう補助運動の分解図

④後転倒立ができる。

図5　後転倒立の分解図

（図2〜5ともに高橋健夫ほか編著，1992，pp.213-216より引用）

　①②に関しては全ての子どもたちができた。ゆりかごから技に入るため、足が頭のところに来たところで、ピタッと止めることが難しく、程よい運動課題になっていた。また、自分では頭の上で止めたつもりでいても、ペアで見合わせたときにずれている場合があったので、互いに修正させた。

　タイミングがつかめてきた頃に、天井に向かって蹴り上げるよう指示した。こうすることで下半身をさらに意識させ、全身の伸びにつながる感覚を養うことをねらった。

　③に関しては、これまでの下半身の動きに手の動き（突き放し）を加えた。まず、ゴムひもをどこにセットするかを説明した。試技者が仰向けで寝たときに、頭の位置にゴムがくるようにし、高さは、持つ人の胸の高さとした。回転加速を伸び上がるタイミングと手の突き放しにより、高さに換える局面である。ゴムひもがあることで、身体を伸ばすタイミングが早いか遅いかを計る指標になり、言葉かけによるかかわり合いも活発になった。

　最後に④のように、ゴムひもなしでチャレンジさせた。多くの子どもたちは、タイミングをつかみ、突き放しの動きを自然と取り入れていたように思うが、後転倒立までいく子どもは少なかった。最後の局面が倒立ではなく、頭倒立になっていた。考えられる要因として、(1)自分の体重を持ち上げることができる腕力

がない、（2）回転加速を倒立の高さに換えるための下半身を伸ばす動きが弱い、といった2つの理由が考えられる。しかし、前述したように本単元では、後転倒立自体を習得することをねらってはいないので、ここではその課題の達成は取り上げなかった。

5. 授業の結果と考察

　技能に関しては、本時の中の準備運動として行った後転と、後転倒立を指導後に行った後転を観点毎に映像分析したところ、以下の表2、3のようになった。（34名中1名欠席のため合計33名）順次接触ができて頭がスッと抜ける様子を「スムーズ」、回転加速がついてまっすぐ回転する様子を「まっすぐ」、回転後に足の裏で着地した様子を「着地」、頭越しの場面で両手を着いて押し切る様子を「突き放し」、と設定して4つの観点で評価した。

表2　映像分析「後転倒立」指導前

スムーズ	まっすぐ	着地	突き放し
16人	18人	10人	9人

表3　映像分析「後転倒立」指導後

スムーズ	まっすぐ	着地	突き放し
20人	23人	12人	19人

　表2、3によれば特に、突き放しの項目が高くなっていることが分かる。後転倒立を練習し、突き放しができるようになったことで、より強い回転力を求めて、まっすぐスムーズに回ることになったと推測される。

　突き放しを意識したことは、子どもの知識の学習成果にも表れている。次の表4、5は「後転のポイントは何か」と聞いたアンケートを整理した結果である。「おへそを見る」・「小さく丸く回る」といった記述は順次接触、「勢いをつける」・「後に倒れるように回る」といった記述を回転加速、「右手をきちんと着く」・「手をぐっと押す」といった記述を頭越し（突き放し）にそれぞれ分類した。単元前後で、回転加速についての記述が増えていることが分かる。

表4　アンケート集計「後転倒立」指導前

順次接触	回転加速	頭越し（突き放し）
11人	3人	8人

表5　アンケート集計「後転倒立」指導後

順次接触	回転加速	頭越し（突き放し）
8人	17人	11人

　このことから、子どもたちは後転倒立の技の習得を目指す過程で、「回転加速」が重要だと分かり、勢いをつけて後ろに倒れた結果、突き放しという技術を習得したと考えられる。突き放しが身に付いた子どもの他に、足をしっかり伸ばすこ

とが頭越し技術に効果があった子どももいた。もともと突き放しを意識して取り入れた後転倒立であるが、こちらの予想と反して足を伸ばす行為自体が、回転加速技術を生み出していたのである。今後の課題としては、できるようになった子どもに何がきっかけだったのかを聞き取り、後転倒立の頭越しの局面を教える教材としての効果を整理したい。

6. おわりに

最後に校内研修として、本モデル授業がどうであったのかを考察したい。授業協議会終了後に行った教員アンケートによると、以下の結果となった。

表6　教員アンケートの結果

	◎	○	△	×
これまでの実践を振り返る機会となった。	16	6	0	0
今後の実践に生かせる内容であった。	20	2	0	0
自分の成長に役立つ研修であった。	19	3	0	0

とてもそう思う◎、そう思う○、あまりそう思わない△、全くそう思わない×

自由記述の欄にも、事前研、授業観察、協議会について肯定的な意見が多くあったことから、研究の柱への理解を深め、教員間で共通の授業イメージを持つという目的は達成できたと思われる。 （栗塚祐二）

〈研究授業後の協議会での質疑応答〉

幟町小学校の授業観察では、あらかじめ特定の班の子どもたちを決め、異学年担任で構成する教師グループが特定の班を観察し、子どもの学びの事実を協議会で交流する形式を伝統的に用いている。そして協議会は、これまで1）実践者の自評、2）観察者の質問、3）感想が書かれた付箋を基にグループで討議、4）各グループから討議の内容を順にまとめて発表、5）各個人の自由な感想を交流、という流れであった。しかしこの日の協議会は、司会の先生の発案で全員の発言を実現するため、4）を省略し5）の各個人の自由な感想に時間をさかれた。先生は冒頭に、討議の柱として示された「場づくりの有効性」と「かかわり（協同的な学び）のあり方」の2点から感想をつないでくださいと指示された。司会と授業者を除き参加した27名のうち、校長先生を含め2回発言された先生が3名いたが、のべ22名の先生の発言が途切れることなく続いた。

第1に、最初の7名の発言は、頭の位置にあるゴムひもを目当てにすることが身体を伸ばすタイミングをつかむ学習に効果的であったかどうか。またこのゴムひもの目当てを設定したことが子ども同士の「かかわり」を活性化させたかどうか。これについて、観察した子どもの氏名を挙げてうまくいった例とうまくいかなかった例が紹介された。第2に、7名の先生から、栗塚先生の「ペアでしなさい」という指示で子どものかかわりが促され、「足を天井に届けと蹴るんよ」と教えあい、「手を近くに着くと後転がやりやすい」と発言した、等の子どものかかわりの事実が紹介された。第3に、8名の先生から発言があり、あと少しでできる子どもを示範させた栗塚先生の子どもの見取りの適切さ、準備運動としての3点倒立の適切さ、低い後転倒立、高い後転倒立、適切な後転倒立を順に示した栗塚先生の示範の適切さ、まとめで子どもに「今日これをやってよかったですか」と子どもに達成度の自己評価をさせた点等の栗塚先生の教授技術のよかった点の発言が続いた。

　先生方の発言には、全員が子どもの学びの事実を見取り、その学びの成功や失敗から課題とされた場づくりや授業者の指導技術の適切さを考えるという協議会の進め方が見て取れた。後転の教材解釈の理解や指導法の適切さを判断する知識や技能のレベルは、参加した27名の先生方はさまざまである。しかし、子どもの動きの良し悪しについての見取りはすべての先生が可能である。そのために、自分が観察した子どもの学びの結果から、具体的に場づくりや指導法の効果についてほぼ全員が発言することができた結果となった。　　　　　　（木原成一郎）

【文献】

文部科学省（2008）小学校学習指導要領解説　体育編．東洋館出版社．

文部科学省（2015）学校体育実技指導資料　第10集　器械運動指導の手引き．東洋館出版．

稲垣正浩編（1991）先生なぜですか　器械運動編　とび箱ってだれが考えたの？．大修館書店．

神家一成（1996）マット運動をどう考え、どう教えるのか．金子明友監，教師のための運動学．大修館書店，pp.172-178．

高橋健夫ほか編著（1992）器械運動の授業づくり．大修館書店

立木正監（1995）絵とことばがけでわかりやすいマット遊び・マット運動．小学館．

根本正雄監（2004）他人に聞けない体育初心者必携 Q & A 高学年．明治図書．

栗塚祐二（2016）小学校6年生の体育科（マット運動）における後転の教材開発．初等教育カリキュラム研究，4：85-93．

3.9 校内研修における研究主任の働きかけ(2)

栗塚祐二

1. はじめに

　本校では、平成24年度までは「知（学力向上）」を、平成26年度までの2年間は「徳（思いやりの心）」を、昨年度（平成27年度）は本校児童の課題でもある「体（体力向上）」に目を向け、校内研修を進めてきた。本校の校内研修の特徴として、教科（H26特別活動、H27体育科）を中心に授業研究は進めるが、さらに大きな学校全体の方針（学校経営）と連携して取り組んできた経緯がある。それは「心の育成」に重点を置き、いじめにつながる言動の早期発見や予防を最重要課題と捉えてきたからだ。「ルールを守って、上手にかかわり、いのちを守ろう！」を全教育活動の合言葉に、平成27年度以降の授業研究では以下のような取組を通して、成果を上げてきた。

○体育科（マット運動）を中心とする授業研究

・事前研（実技研修・模擬授業）

・全体研究授業（7月：体育科6年　9月：体育科2年）

・中学校区公開研究会（12月：体育科3年、保健、自立活動、特別活動）

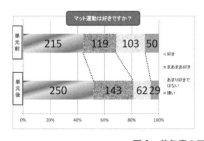
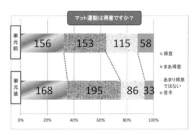

図1　前年度のアンケートの結果

　図1は、前年度子どもに対してとったアンケート結果である。全校で見ると、「マット運動が好き・まあまあ好き」が、334人（68%）から393人（82%）になった。「マット運動が得意・まあ得意」が、309人（64%）から363人（75%）になった。そして、「嫌い」が29人（6%）に減ったことも、成果だと言える。学年ご

とに「マット運動が得意です」の解答結果の気付きを見ると、低学年では、もともと高い数値から下がり、高学年では低い数値から高くなっていた。運動の視点やポイントをはっきりさせたことで「できる」基準が明確になり、低学年の子どもはできていると思っていたことができていなかったと「分かり」、高学年の子どもは、反対に動きが「分かる」ことで「できる」につながったのだと考えることができる。このことを教材研究が深まった成果と捉え、低学年に関しては、そこに如何に「楽しさ」を盛り込むか、高学年に関しては、さらに効果的な場づくりで難なく「できる」ようにさせるかが課題となる。

　体育科を研究教科としたことで、授業においては生き生きと活動する姿、ルールを守って動く姿、子ども同士がかかわり合う姿などをより鮮明に見ることができた。また、教科書がない教科だけに教える内容や系統性について教員同士が話し合う機会を多くもつことができた。体育科は指導した内容が伝わったかどうかを、目の前の子どもの動きの変化や達成度合いで見取ることができる。できない子どもやできるようになった子どもを分析することで、教師の教材研究や教授技術という授業力の向上にもつながった。領域を器械運動系（マット運動）に絞ったことで、学年間の系統性を踏まえた指導を考えることができた。また、研究を深める経験ができたという点では大変効果的であった。

　一方で、他の運動領域や教科への「広がり」という点で課題が残った。例えば、器械運動と同じ課題克服型の陸上運動ではどのように指導したらよいのか、ルールを合意形成しながらゲームを行うボール運動ではどのように子どもたち同士をかかわらせたらよいのかといったことである。また、体育科という教科の枠にとらわれるあまり、教育活動全体を見据えて「たい力」[1] を高めていくという視点が弱まった。

2. 前年度の成果と課題を生かす計画の立案

【研究テーマの設定】

　上述した前年度の課題である①他領域への広がり②「たい力」を高める広がりを克服するために、今年度も体育科を研究教科とし、テーマを以下のように設定した。

研究テーマ	意欲的に学び、高まり合う子どもを育てる 〜たくましい子どもを育てる幟プログラム（体育科）の実践を通して〜

「意欲的に学ぶ」ためには、児童の実態を十分に把握し、深い教材研究のもとで教科のねらいに迫る必要がある。その時に大切なことは「場づくり」である。本校で考える場づくりとは、単に体育科の「物の配置」に留まらず、「ペアで交流する機会を設ける」「算数的活動時間を 15 分間設ける」といった、空間、機会、時間等を含めて広く捉えている。

「高まり合う」ためには、積極的に友達との「かかわり」の場を設ける必要がある。授業においてかかわりの場を設けるだけではなく、たてわり班活動・リーダー会を中心により適切なかかわり方を 6 年間の系統性をふまえて定着させることが重要である。

本校はユネスコスクールとしての使命を果たすために、ESD（持続可能な開発のための教育）の柱を「幟たい力」[2] としている。意欲的に学び、高まり合う子どもを育てるために「ルール＝耐久力」「かかわり＝対人力」「いのち＝身体力」を身に付けることは、「平和な社会」を築くために必要な力であり、持続可能な社会づくりにつながると考えている。

なおこの研究テーマは、小学校から中学校を含めた義務教育全体の教育課程を視野に入れた研究とするために、中学校区の研究テーマと同じものとした。

3. 研究主任としての働きかけ

校内研修の目的はいくつかある。教師の力量アップという側面から考えると研修のようなスタイルになり、今ある指導法を周知徹底していくことになる。研究の側面を強めると、研究テーマに沿って授業者が提案性のある授業を展開し、そこに意味付け・価値付けしていくことになる。

本校を考えると、両面が入っている。しかも授業の枠を越えた、教育活動全体の視点で再度見直すという大きな研究スタイルが特徴だ。また、校内という閉ざされた環境の中で行われるため、造語が増え、異動してきた人にとって、分かりにくい研究となっていた。研究を積み重ねることで共有された言葉等は、校内でしか通じないものとなっていた。それがよいかどうかは別として、皆に分かりやすく説明するところが研究主任の役割である。そこで、本年度は 4 つの取組を実施した。

(1) イメージを図式化

校内で使われる独自の言葉や提案がどの位置にあり、どう連動しているのか

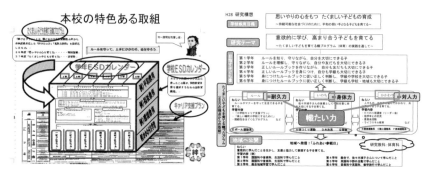

図2　本校の特色ある取組の図式化　　　　図3　学校教育目標へのアプローチ

を図式化した（図2）。学校教育目標、研究テーマ、各学年の目指す子ども像等の関係性を可視化することで、研究を日常の教育活動へつなげることをねらった（図3）。また、図を作成するに当たり、管理職はもちろん、教務主任、生徒指導主事、保健主事といった各部の主任とも連携し、承諾を得て進めたことで、学校全体を巻き込んだ研究にすることができた。

(2) 研究領域の設定

　研究初年度は「深める」ために同一の運動領域を授業することを提案した。研究2年度は、「広げる」ことをねらいとし、体育科の授業領域は、本校の教育活動のキーワードである「ルール」「かかわり」「いのち」の内容がより鮮明に出るものに設定した。時期や系統性を考慮して、以下のように進めた（表1）。

表1　研究領域分担表

キーワード	運動領域	単元	学年	実施時期
◎「いのち」	水泳系	水泳	高学年	6〜7月
◎「かかわり」	陸上運動系	走・跳の運動遊び	低学年	9〜10月
◎「ルール」	ボール運動系	ゲーム	中学年	11〜12月

　「いのち」を水泳にした理由は、泳力を身に付けることで自分の命を守ることにつなげようとしたためだ。また、学年も近代泳法を指導する初年度になる5年生に設定した。普段あまり見ることがない他学年の水泳の授業を、研究授業として全教職員で参観することで、小学校全体の水泳指導の系統性が意識できると考えた。

「かかわり」を低学年にした理由は、個人（自分自身）の動きに終始しがちな低学年の子どもたちに、互いの動きを見合う意識をもたせるためだ。低学年は友達のよいところを見付けたり、順番を守り仲良く活動したりするといった態度面を養ったりすることが大切だと考えた。

「ルール」をゲームにした理由は、ゲーム領域の特性を生かすためだ。戦術学習と同時に進める「きまり」や「ルール」の設定・確認は体育科の枠を越えて学校生活全体で活用できると考えた。

これらの提案は、前年度末の３月に行い、４月からの年間指導計画に反映してもらうようお願いした。また、あらかじめ学年ブロックに研究領域を割り振ることで、研究授業だけの単発に終わることなく、継続した取組となるよう心掛けた。

(3) 事前研のマネジメント

昨年度好評だった事前研は引き続き行うこととした。事前の実技研は、指導内容の理解につながり、研究授業当日の子どもの見取りにも大変効果的だった。しかし、本年度については、大きな不安もあった。それは６〜７月に実施する水泳の事前研である。男性、女性、年齢も多岐にわたる教職員全員に、水に入って泳ぐという提案は賛否が分かれるところだった。

さて本年度。体育館のスクリーンを使用して指導案の説明を行い、水泳の泳法映像を視聴した後、その場で動作やリズムを体験した。そして、そのイメージを持ったまま、体育館の隣にあるプールへと進む展開にした結果、ほぼ全員が水に入り、浮き方や泳ぎ方、補助の仕方などを研修することができた。全員が参加できそうな活動から仕組んだことも要因としてあるが、前年度までの研究の積み上げが功を奏したと言える。また、新しいことを試みる若手の研究主任に対して、応援してくれるベテランの先生方の支えが大きかったように思う。ベテランの先生方が率先して泳いでくださったおかげで、研修がスムーズに進んだ。

子どもたちに呼吸の仕方を教える授業だったので、そのタイミングを教員同士のバディで確認した。呼吸のタイミングは個人によって違うため、動きと呼吸が連動したよりよいリズムとはどういったものなのかを検証することができた。

(4) 研究通信の発行

前年度、好評だったため、研究通信も引き続き発行した。前年度からの改善点としては、授業予定を紹介し、時間のある先生方には、是非研究業前後の子ども

たちの様子を見てもらうよう促したこ
とだ。また、研究授業後には、成果と
課題をまとめ、次回に向けて何をつな
げていくかを明確にした。このように
通信で、授業と授業、研修と日常をつ
なぐよう意識した。

4. おわりに
―全体での授業研究に向けて

　本年度、研究主任の私が5年生の担
任となり、水泳の授業を提案するこ
とになった。水泳の授業は学年単位で
行うため、必然的に学年団で教材や指
導案を検討していく提案になる。しか
し、主になる授業者には多くの判断が
求められる。

研究通信『恋幟』　　NO.3 文責 栗度
H28.6.21

高学年ブロック水泳予定

水泳指導が始まります。高学年ブロックの提案です。
「呼吸」を如何にできるようにさせて、泳法指導につなげていくかを研究しています。
シラバスでは、5年生はクロール、6年生は平泳ぎに挑戦します。
5年生で主に呼吸を身に付け、6年生はその力をもとに、キックや手足のコンビネーションを指導していきます。続けて長く泳ぐためのキーワードは、脱力とリズムです。
下記予定表に従って進めていきますので、よろしければ、途中経過もご覧になってください。
なお、6年生のブロック授業は7月4日(月)5・6hです。出来る限り参加をお願いします。

日にち・時間	学年	学習内容
6月22日(水)5・6h	5年	① 連続伏し浮き
(6月27日(月)3・4h)	5年	予備日
6月29日(水)5・6h	5年	②ドル平
(7月 4日(月)3・4h)	5年	予備日
7月 4日(月)5・6h	5年	★ブロック研究授業 平泳ぎ
7月 5日(火)5・6h	5年	③ドルクロ
7月 7日(木)5h	5年	④クロール 研究授業
7月11日(月)3・4h	5年	⑤クロール 課題別
7月13日(水)5・6h	5年	⑥クロール 課題別
(7月14日(木)5h)	5年	全体予備日
7月15日(金)5・6h	6年	★着衣泳

全体研究授業提案について　授業者が決まりました。

校内研究日	提案授業	授業者・学年	司会	記録	授業会場	下校指導
7/7(木)	6/28(火)	水泳・栗保・5年	久保	平田	プール	低学年
9/29(木)	9/15(木)	走・林の運動遊び	梅本・2年		運動場	中学年
12/15(木)	12/1(木)	ゲーム	高木・3年		体育館	高学年

6/23(木)事前研について

事前研で本時と同じ運動を教員も体験し、学びを深めます。また体育科の実技研修も兼ねていますので、実際にお水に入っておきます。水着の用意をお願いします。雨天の場合も、DVDを視聴(5hリーダー研の仕掛けを活用)、体育館で動きの説明をいたしますので、研修は行います。

　例えば、授業展開が天候に左右され、随時子どもの体調管理に気を配る必要が
ある。また入水して運動するため、事故につながることも考えられる。そのため、
ある程度指導経験を積んだ自分自身がティーム・ティーチングのT1として授業
を進行し、他の2名の先生にサポート役に回っていただくことが良いと考えた。

　おそらく体育科を研究教科としている教員でさえ、水泳の授業はあまり見合う
ことはないと思う。このあたりに、校内研修で水泳の授業を取り扱うことの大き
な意味がある。泳ぎが苦手な子どもを含めて、学年全ての子どもに25mを泳げ
る泳力を付けることで、さらに体育科授業研究への興味・関心を引き立てようと
考えた。次節はその授業の詳細と、授業後の研究会の様子を報告したい。

【注】
1) 本校が子ども達に身に付けさせたい「身体力」「耐久力」「対人力」の3つの力(資質・能力)を指す。
2) 昨年度までの「たい力」を一般的な「体力」と区別するために「幟たい力」とする。

3.10 ドル平泳法からクロール泳法へつなげる教材づくり

栗塚祐二・木原成一郎

1. はじめに

　前節では、2 年次となる校内研究の概要と、水泳の授業研に至るまでの経緯について記載した。「浮く・泳ぐ運動」から「水泳」に切り替わる第 5 学年の授業提案は、続けて長く泳ぐために必要な呼吸の指導について、共通理解を図る機会になると考えた。今回は、その授業実践とその後の協議会について紹介する。

　小学校 5 年生（88 名）を対象に、全員が 25 m を泳ぐことができることを目標とした。近代泳法を教える前に、子どもたちに容易に呼吸動作を身に付けさせるために、学校体育研究同志会で開発されたドル平泳法を取り入れた。ドル平泳法は 1960 年、学校体育研究同志会という民間サークルによって世に出された。足がドルフィンキック、手が平泳ぎの形に似ていることからそう呼ばれている。学校体育研究同志会の考えでは、基礎泳法のドル平泳法から近代泳法へ発展させる指導順序としては、ドル平→バタフライ→平泳ぎとしている。単独の泳法としても成り立ち、バタフライの泳法へつないで指導する事例が多いドル平泳法を、クロール泳法の動作の習得につなぐ教材として指導し、子どもの学習成果からその効果を明らかにすることを目指した。

2. 授業改善のねらい

　本校のシラバスによれば、5 年生でクロールを扱い、6 年生で平泳ぎを学習することとしている。自分のこれまでの実践を通して、近代泳法の習得には呼吸技術の習得が前提として欠かせないことを感じていた（栗塚, 2013）。そのため、あえてキックや手のかき等の指導をせず、簡単な泳ぎで呼吸技術を身に付けさせることに重点を置いていた。ただし、課題として、下半身が沈むことにより、呼吸を続けて泳ぐことができない子どもへの有効な手立てが見付けられずにいた。そこで、キックで浮力を得ることを解決策として考えた。その結果、動きが簡単で拍に合わせ易いドルフィンキックを採用することにした。こうした発想で先行研究をたどっていくと、ドル平泳法に辿り着いた（図 1）。

研究主任として学校全体の体育の指導計
画作成を意識し、水泳に関して指導内容
（特に技能）の系統性を明確にすることも
目指した。ドル平泳法の「1・2・3・4」も
しくは「トーン・トーン・スー・パッ」の
4拍のリズムを、他学年の水泳指導に生か
すことができると考えたためだ。

図1　ドル平泳法のやり方
出典：平田和孝，1992，p.47.

　学校内で水泳指導における言葉かけの系
統性ができると考えた。

3. 単元の概要

【対象】小学校5年生（88名）
【期間】平成28年6月〜7月（全7/12時間）急遽プール改修工事が入ったため、
8時間目以降の授業は中断
【単元目標】
○クロールで続けて長く泳ぐことができる。（技能）
○運動に進んで取り組み、助け合って水泳をしたり、水泳の心得を守って安全に
　気を配ったりすることができるようにする。（態度）
○自己の能力に適した課題の解決の仕方や距離への挑戦の仕方を工夫することが
　できる。（思考・判断）

表1　単元の評価基準（技能）を子どもの具体的な姿で表したもの

到　達　度	具体の評価規準
十分満足できる状況	○呼吸をしながら50mを泳ぐことができる。
概ね満足できる状況	○呼吸をしながら25mを泳ぐことができる。
満足できない状況 常に支援が必要な状況	○呼吸をしながらプールの横を泳ぐことができる。 ○呼吸ができない。

表2　単元の評価基準（思考・判断）を子どもの具体的な姿で表したもの

到　達　度	具体の評価規準
十分満足できる状況	○呼吸には、息を吐く事と一定のリズムが大切だと知り、自己の課題としてつかんでいる。
概ね満足できる状況	○呼吸には、息を吐く事と一定のリズムのどちらかが大切だと知り、自己の課題としてつかんでいる。
満足できない状況	○自己の課題をつかんでいない。

表３　単元計画

時数	学習段階
第１・２時	呼吸の仕方・呼吸のリズム
第３．４時	ドル平
第５・６時	ドルクロ
第７	クロール（呼吸）
第８〜11時	クロール（課題別練習）
第12時	泳力テスト

急遽、プール改修工事が入ったため、水泳授業中止（8時間で終了）

4. 授業の実際

「呼吸につながる動きをリズム化することにより、簡単な泳ぎでの呼吸技術がクロール泳法の習得につながる」と仮説を立てて臨んだ。ステップを１〜３へ分けて指導計画を組んだ。

　ステップ１では、水面に浮いてくるまで脱力して４拍待つこととする。前に進まずにその場で浮き続けることをねらった。具体的には右の図２にある１.「連続伏し浮き」、２.「連続け伸び」である。この２つの指導を核に、過去の実践では、学年の９割の子どもたちを25m泳ぐことができるようにしてきた（図２）。

　ステップ２では、簡単な泳ぎで、リズム良く呼吸することをねらった。ステップ１で、呼吸技術は身に付いているはずなので、あとは前を向く呼吸法（3.「ドル平」）を他の泳法（横向き、4.「ドルクロ」）でも可能にしようとした。つまりポイントはローリング技術を如何に体得させるかである。そこで、バディで互いに補助し合ったり、リズムを数え合ったりしながら練習を進めた（図3）。

　ステップ３では、ドル平から近代泳法につないでいく。校内研修の研究授業では、ステップ２の4.「ドルクロ」を指導した後ス

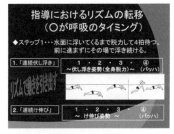

図２　ステップ１

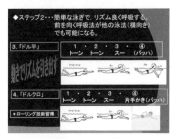

図３　ステップ２

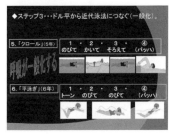

図４　ステップ３

テップ3の5.「クロール」へつなぐ練習を
指導した（図4）。

　88名に指示を出すため、拡声器を用いた
（図5）。これでも水中にいる子どもには聞こ
えづらいということが、教員を対象とした
事前の実技研修会でも分かっていた。そこ
で、全体指導をする私以外の2人の教師に、
ハンドホイッスルで共にリズムを刻んでも
らった。こうすることで、「トーン・トーン・
スー・パッ」の4拍のリズムに合わせた電子
音が四方八方から響き、水中にいる子どもた
ちの動きもそろっていった。一斉指導におい
て、動きがそろうということは、できている
人とできていない人を見分ける見取りにもな
り、大変効果的だった。例えば、「パッ」の
時に呼吸動作に入るために水面に顔が上がっ
ているかどうかは、一目瞭然である（図6）。
「見取りができることで、多くの子どもたち
の中で、だれに声をかけるとよいのか、次の
指導に生かすことができてよかった。」これは一緒に指導に当たった体育科を得
意としない教師の感想である。

図5　連続伏し浮き

図6　ドル平

図7　ドルクロ

　一方で、呼吸には個人のリズムがあるため、それを優先すべきという考えもあ
り、学年団でも検討した。そこで、相手の動きをよく分かったバディが、個に応
じた「トーン・トーン・スー・パッ」のリズムを唱えて補助する場面を設けた（図
7）。

　授業後には、本時のめあてに対する振り返りを書かせた。授業者が教えたいこ
とと、子どもの学んだことが一致しているのかどうかを比べるためだ。水中でど
んなことを考えていたのかを知り、子どもの気付きを参考に、次時の共通課題を
設定し、学びをつなげていった。

　このように呼吸動作の習得のために、動きとリズムを共に扱った授業を繰り返
し展開することで、クロール泳法の習得につなげた。

5. 成果と課題

　検証方法を以下のように設定し、4つの観点から子どもの変容を見ていった（図8）。

```
○検証方法
　①「泳力テスト」（全員）・・・・・技能
　②アンケート（自由記述）・・・・思考・判断
　③アンケート（選択式）・・・・・関心・意欲
```
図8

【子どもの変容①（泳力テストより）】

　図9によれば、1時間目と8時間目を比べると、B、Cグループの変容が目立つ。前学年（4年生）の時点でけ伸びまでできることが、5年生の泳法指導の上達に大きな影響を与えることが分かる。一方、水に苦手意識があるDグ

図9　子どもの変容①

ループの子どもには、指導の成果が見えづらかった。この子どもたちには、一斉指導に加えて、個別の支援が必要となる。

【子どもの変容②（アンケート（自由記述）の回答より）】

　単元終了後、子どもたちに「長い距離を続けて長く泳ぐために必要なこつは？」というアンケートをとった（図10）。記述を呼吸、脱力、リズム、かかわり、の4つに分類整理した。当初の予測通り、呼吸に関する記述が43％と1番多かった。トーン、トーン、スー、パッのリズムが子どもたちの中に浸透していた（26％）ようだが、その中でもスー（脱力・伸びる）の部分を意識していたことが分かった。バディに関する回答もある事から、今後かかわり方に着目するとより主体的・対話的な学びが可能になると考えられる。

図10　子どもの変容②

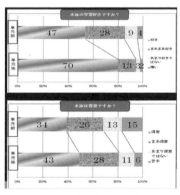

図11　子どもの変容③

【子どもの変容③（アンケート（選択式）より）】

　「水泳が好き」が単元前の47人（53％）か

ら単元後に70人（80%）となり、「まあまあ好き」も含めると83人（94%）になった。「水泳が得意・まあ得意」が単元前の34人（68%）から単元後に43人（81%）となった。「できる」ようになることで、運動への関心・意欲の向上につながったと言える。

【全体を通して】

以上のことから、ドル平の「呼吸を伴う運動のリズム」と「リラックスした動き」はクロールに転移し、技能の向上が関心・意欲の喚起につながったということができる。一方で課題も明確になった。1つ目の課題は、水に恐怖心がある子どもにとっては、更なる手立てと支援が必要となるということだ。水に対する恐怖心を払しょくするためには、別のアプローチが必要となる。そのこととも関連した2つ目の課題は、学校全体として6年間を見通した指導計画を立てるということだ。水を怖がらないためには、低学年での水遊びが大切であり、呼吸動作や近代泳法習得の基礎として、中学年での内容の充実が欠かせない。今回扱ったドル平泳法も、中学年に位置付けることで、さらなる効果が発揮されるのではないかと感じた。

研究通信『恋幟』　NO.4　文責　栗塚

H28.7.11

全体研(7/7)を終えて

暑い中、水泳の研究授業お疲れ様でした。
昨年度末に提案した時から、水泳の授業を校内研ですることに大きな意味を感じていました。
通常２時間続きですることが多いところを１時間で実施し､３クラス９０名の子ども達を見取り、そして天候に左右され当日までの計画も定まらない。こういった理由からも、授業研究でほとんど扱われることがなかったのではないかと思います。
さらに事前研で教員が実際にプールに入るという試みもありました。（参加者の多さに感謝！）
たくさんのご意見をいただいた協議会を含め、自分の中ではやって良かったと実感しています。
研修をしやすい雰囲気をつくってくださり、ありがとうございました。
講話の中で木原先生からもお話があった、幟の学びの文化を今後も続けていきたいと思います。
引き続き、今後の校内研もよろしくお願いします。
近い予定では、以下のものがあります。

○ ８月24日（水）　９：３０～１１：００　特別支援研修
　　　　　　　　　１５：００～１６：００　走・跳の運動遊び（２年生）事前研
○ 9月29日（木）　１３：５０～１４：３５　走・跳の運動遊び（２年生）全体研

低学年ブロックの先生方、熱い授業提案よろしくお願いします。

ブロック研究授業について

今回 ６ 年生に実施していただいた（7/6）ように、全体研をしない学年も授業を公開していただくようお願いします。全体研の事前でも事後でも構いません。事前であれば、全体研の見通しをもつことができるでしょうし、事後であれば協議会の学びを生かすことができると考えています。協議会も３０～40 分程しか確保できませんが、感想を交流し、学び合いましょう。
今回 ６ 年生は、５ 年生の提案要素を意識して授業を組まれました。すなわち、呼吸やリズムを ６ 年生としてどう扱うか。同じ部分もあれば、違った部分もあり、比較することでできたことで、学びが深まりました。意図を汲んでいただきありがとうございました。
低・中学年ブロックでも、是非共通する要素を取り入れたブロックとしての提案をお願いしたいと思います。なお、指導案形式につきましては、全体研を簡略化した今回の ６ 年生バージョンをお使いください。研究推進部のフォルダに入れております。

幟プログラムの修正について

先日の部会で、縦のつながり（キャリア）にズレがないか確認しました。どの学年もキャリア支援プランを参考にされていたので、ほとんどつながっていました。文言の統一を図るため、多少修正をお願いしています。７月末をめどにお願いします。

図12　研究通信①

6. 教員集団の学び

協議会後、参観した教員の振り返りアンケートの結果や研究主任の考察を加えた通信を発行することで、さらに学びを深めることをねらった（図13）。

表４　第５学年研究授業参観教員アンケートの結果

①これまでの実践を振り返り、今後の実践に生かす。

よくできた	できた	あまりできなかった	できなかった
15名	7名	0名	0名

②水泳指導における６年間のキャリアの位置づけが分かる。

よくできた	できた	あまりできなかった	できなかった
5名	15名	1名	0名

アンケートによると、ねらい①「これまでの実践を振り返り、今後の実践に生かす。」については、「よくできた」「できた」を合わせると100％となり、教員集団に満足のいく研修だったことが分かる。ねらい②「水泳指導における６年間のキャリアの位置づけが分かる。」については、６年間を見通した具体的な指導計画にまで及ばなかったことや体育科部会員以外の、指導内容の系統性の地盤が弱い教員にとっては、難しかったことが影響しているのではないかと分析している。

（栗塚祐二）

研究通信『恋幟』　NO.5　文責　栗塚
H28.7.11

協議会を生かした今後の水泳指導について

協議会では、活発なご意見ありがとうございました。
それを受けた今後の水泳指導（５年生）の方針をまとめてみます。

【変更する点】

① 課題別コースに分けることなく、今のままバディシステムによる一斉指導を行う。
・子ども達の授業後の記述を見てみると、こちらの予想以上によく考えていることが分かった。バディへのアドバイスも適切かどうかは別として、きちんと行っていることも分かった。そこで、個の課題に対応するためにも、子ども達同士で高め合っていく学習形態をとる。

② 運動のポイントを理解させるために共通課題を設定し、その解決に向けて個の課題を追求する。
・①をより効果的に行うためには、子どもの「わかる（知識・理解）」に関する側面を伸ばしていく必要がある。そのため、全体が取り組む共通課題を「続けて長く泳ぐためのゆったりとした４拍子の泳ぎ」とし、それに必要な個別の課題を選ばせることとする。ここで重要なのが、全て丸投げではなく、段階を追って選ばせるということだ。
まずは泳ぎ方（クロール、ドルクロ、ドル平）を選ばせる。最終的にはクロールへ移行してほしいが、呼吸が不十分ならドルクロへ戻ったり、リズムや脱力が不十分ならドル平へ戻ったりと、その子に応じて選ばせる。
その次に各段階のクリア条件を提示することだ。今考えているのは３つある。
1.　脱力→「スー」の時に背中が水面に浮いているまで待つことができている。
2.　呼吸→「パッ」の時に枕の状態になっている。
3.　ゆったりとしたリズム→バディが前に立ち、リズムを唱える。この時、泳ぐ相手に応じて多少リズムが変化することは可とする。ただし、バディを抜いてはいけない。

③ 教具の使い方を再度検討する。
・ビート板やペットボトル、ヘルパーを目的に応じて使う。

【継続する点】

① 運動量確保のための場づくり
・基本的にたくさん泳がせる今のスタイルは変えない。ただし、バディがかかわるために必要な時間や効果的な場についてはその都度設ける。

② ハンドホイッスルによるリズム
・個のリズムがあると先生方から意見をいただいた一方で、全体のリズムがあった方がよいという子どもの記述があったので、今回は単元を通じて全体へのリズムの提示は継続する。＊バディ同士で多少調整するのは認める。

☆5 年生の段階を見ていただけたことで、下学年には、「浮く」「脱力」「呼吸」の大切さが分かっていただけたかと思います。また、専門的な動きを追及するだけでなく、100 人近い人数に一斉に伝わる効果的な動き（指導言）は何かを、今後も教材研究で追及していこうと思っています。4 拍子のリズムも取り入れられる部分は動作化してみてください。

図 13　研究通信②

【文献】

平田和孝（1992）こんな授業がしてみたい．荒木豊・高津勝編著，明日にむかう体育．大修館書店．

栗塚祐二（2013）息継ぎに重点をおいた水泳指導：連続ダルマ浮きの実践．初等教育カリキュラム研究，1：119-127．

丹下保夫・中村敏雄・高山博・川口智久・浪越信夫・荒木豊（1962）水泳の技術指導における問題点Ⅰ．体育学研究，7(1)：251．

〈研究授業後の協議会での学習成果〉

この日の研究授業では、校内研修に参加された先生方の学習成果を把握するために以下のような手続をとった。1. 授業観察中に決められた子どもの班を観察し、授業観察中に「良かった点」（青色）「課題と思う点」（黄色）「私ならこう改善する」（ピンク色）を付箋に記入する。2. 研究授業後の協議会の場で、観察

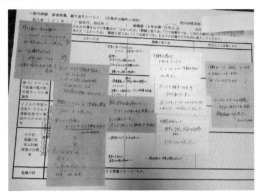

図14　リフレクション・シートの例

グループ単位で付箋に基づき感想を交流する。そして各班の感想を全体会で発表し交流する。3.協議会後にその付箋を各自のリフレクション・シート（図14参照）の該当するセルに貼る。そして、協議会で気づいた振り返りをリフレクション・シートの該当するセルに記入する。

表5は、リフレクション・シートの記述数の結果を示したものである。先生方の記述は、栗塚先生の「よかった点」について授業を観察する時に73個と多く、協議会後は11個に減少した。また、栗塚先生の「課題と思う点」については、授業を観察する時に30個と多く、協議会後も29個とほぼ同じ数であった。他方で、「私ならこう改善します」という代案の提示は、授業を観察するときは5個と少なく、協議会後に54個と大きく増加した。授業を見て自分で考える時は「よかった点」と「改善すべき課題」に気付くことができ、協議会で発言したり他の先生方と意見を交換することで「改善すべき課題」と「改善の代案」に気付くことができたのである。幟町小の先生方は、栗塚先生の授業の「よかった点」と「改善すべき課題」については、授業を見ながら1人で多くのことを気付けるとともに、協議会で他の先生方と意見交流することでより多くのことに気付けたことがわかる。また、協議会後に「私ならこう改善します」の記述が急増したことは、他の先生方と協議会で意見交流したことにより、多くの先生方が今後の自分自身の授業を改善するアイデアを持つことができたことを示している。

「私ならこう改善します」に書かれた内容は、苦手な子への支援の仕方の提案等の「個に応じた指導」、バディの確認をこまめにといった「安全の確保」、「トー

ントーンスーパッ」という口リズムによる「言葉による指導」、ビート板の手の
添え方という「教具」、バディによる動きの観察という「バディ」等からなる「指
導の方法」に加え、動きをパターン化していく学習をもっと早くにすべきという
「指導計画」、できていない課題を指摘した「次時への課題」という指導内容に関
する代案も出されていた。協議会で他の先生方と交流することで、指導の方法は
もちろん指導の内容についても自分自身の水泳の授業を改善する手がかりをつか
んだ成果が得られた校内研修であったといえる。　　　　　　　　　（木原成一郎）

表 5　リフレクション・シートの記述数　N:20 名

	授業観察中	協議会後	合計
よかった点	73	11	84
改善すべき課題	30	29	59
改善の代案	5	54	59
合計	108	94	202

3.11 授業研究をうける立場の教師の葛藤
―学年団による事前研修と指導案作成―

梅本真知子

1. はじめに

　私は、研究主任でも経験豊富なベテラン教師でもなく、普通の小学校教師。た
だ、体育科が好き。好きと言っても、好きなのは体育科の授業を受ける側で、実
際に指導をするのが好きかと問われればそうでもない。しかし、自分が「体育科
が好き」と思えるように、授業をするのなら子どもたちにも「楽しい」「好き」
と感じてもらいたいと思って授業づくりに取り組んできた。数は少なくとも体育
科が嫌いと思っている子どもはいるので、意欲的に取り組めない子どもの変化を
いつも楽しみに日々授業をしている。

　体育科が「楽しい」「好き」と感じられるには、「できた」という成功体験が不
可欠である。しかし体育科は、国語科や算数科などの他教科と異なり、分かった
らできるようになるとは限らない。知識と技能が必ずしも結び付くとは言い切れ
ないので、指導する側として 1 時間の授業の中で全ての子どもに「できた」と感
じさせるのは非常に困難なことである。できるようにならなかったとしても、「楽
しい」「好き」と感じさせることのできる体育科授業を実現できないだろうか。
そのような葛藤を抱きながら、私は校内の研究授業を引き受けることになった。

2. 校内の研究の始まり

　本校は、前年度の研究の成果を受けて、今年度「意欲的に学び、高まり合う子
どもを育てる～たくましい子どもを育てる纖プログラム（体育科）の実践を通し
て～」という研究テーマとなった。研究主任は、市の小学校教育研究会体育科部
会を引っ張る超エキスパート。そんな研究主任が熱く語る今年度の研究推進計画
は、3 割程度しか私に理解できぬまま、素晴らしい提案にただただ拍手。今年度
の私は、2 学年の担任で、初めて学年主任を務めることになっており、同学年で
はベテラン教師と、若手教師の 3 人で学年団を組むことになった。きっと研究授
業で授業提案するのは、熱く語る研究主任の提案中に、私の隣に座って居眠りし
ている若手教師だろうと心底思っていた。春には運動会があり、その後体力テス

ト・水泳と、あっという間に夏休みを迎えることとなった。

　学年団のベテラン教師から、「梅本さん授業やってね」の一言。私もとっさに「はい」の一言。当たり前に受けるつもりだったかのように思える軽い返事だったが、心の中では「私か…」と不安でいっぱいになった。

　夏休みは、教材研究に時間を費やした。研究に縁のない私が参考文献を読んだり、学習指導要領解説を熟読したり、いつもと違う自分が少し新鮮でもあった。といっても、授業提案する領域はすでに決まっており、授業でねらう内容も「かかわり」と鮮明だったため、単元の内容が決まるまでに時間はかからなかった。

　学年主任という立場でもあったため、夏休みの学年会の中で話し合うことは山積み。2学年では、生活科の活動が非常に多いため、年間の活動を整理してみると、ここでも「かかわり」がキーワードになってきた。1年生とのかかわり、異学年とのたてわり班でのかかわり、地域とのかかわりなど、体育科以外にも「かかわり」を色濃く取り組んでいたことに気付き、少し自信となる部分もあった。この2学年の子どもたちはかかわり合いによって何か変わっていくかなという期待もあった。

3. ベテラン教師の存在

　少しずつ指導案を作り始めていた頃、知識不足から、たくさんの問題にぶつかった。「心地よく走れる」の心地よいの指標とは？　「低い障害物」の低いってどのくらいの高さなのだろうか？　かかわる場面をどう入れようか？　このワークシートから思考・判断が見とれるだろうか？　1時間の構成はこれでよいのか？　投げ出したくなりそうになりながらも、私の試行錯誤をしっかり支えてくださっていたのが、同学年のベテラン教師である。昨年度の研究授業の提案を経験されており、尚且つ体育科を専門に研究されている先生だったので、とても心強かった。指導案の教材観や指導観の文章一つとっても、ベテラン教師の知識に追いつけず、苦労することもあったが、「この文に点を入れた方が分かりやすいですよね」「子どもの歩幅ってこれくらいでしたよね」といった些細なことでも言葉にしてベテラン教師に伝えるようにした。時には、「今日は体育の話は休憩にします」と生意気な発言をすることもあった。私の気持ちを極力汲み取り、「学年でやるのだから同じ気持ちで取り組まないと意味がない」と、今思えば上手くいく方法はきっとご存知だったに違いないが、例えば、「心地よく走れたかどうかの指標はおしりにしっぽを付けて測ります」という私の思い立ったらすぐに行

動してしまう強引さや要望にも、まずは耳を傾け「やってみよう」と寄り添ってくださった。私が疑問に思うことは一緒に悩み、考えてくださる姿に、頑張ろうと気持ちを立て直すことができた。

　また、指導助言をいただいている広島大学の木原先生のところへ、事前に伺わせていただき、相談に応じていただいた。案の定、木原先生にも「心地よい走りって何？」「結局どんな力を身に付けさせたいの？」「何が教えたいの？」と、中途半端な私の思いは見抜かれ、ふりだしに戻ることとなったが、どこかもやもやしていた心が晴れていた。今思えば、やらされている感満載の私の授業観から、自分の中でこんなことがしたいという欲が出てきたきっかけになったのではと推測する。後に、木原先生より、「心地よい走りは、等間隔の障害と等間隔でない障害を走らせて試してみては？と提案した時、先生が教えたい内容はそれではないと言われたのが印象に残っています。」と言ってくださり、自分では全く覚えていないのだが、木原先生との会話のやり取りから、表には出なかった信念が浮かび上がったのかなと今になって感じている。ベテラン教師と意見が相違する時には研究主任がこそっとやってきて、「梅本さんがやりたいようにやればいい」とさりげないフォローをしてくださり、分からないことがあると、分厚い文献を読んでは教えてくださった。研究主任として、努力されていることを痛感した。こうして、私は信頼できる研究主任とベテラン教師というこの上ない体制の中で授業づくりをしていたことに気付くこととなった。

4. 事前研修会

　本校では、校内研修の前に、授業者の意図を知り場づくりの検討をする事前研修会が設定されていた。水泳の校内研修の前の事前研修会は、学校のほとんど全員の教師が水着を着てプールに入り、実際に体験してみることもあった。こんなことをしている学校は他にあるのだろうかと思うくらいの熱心さだが、忙しくなかなか指導案にも目を通せないまま全体研に参加する教師も少なくないので、事前研修会を設定することで、教材と授業について少し知識をもって校内研修に臨めることは意義があると思っていた。

　しかし、私の場合は違った。事前研修会の日と研究授業の日までに1か月間が空いていたということもあり、研究授業で指導した運動と異なる運動の事前研修会となってしまったのだ。自分の中でもまだ授業の内容について迷っていた段階で、はっきりしない私の提案に痛い視線も感じられたが、皆でおにごっこをした

り、障害物の置き換えをしたりすると、先生方の表情に笑みが出た。大人でさえ楽しくできるのならきっと子どもたちだったらもっと楽しんでくれるのではという期待もあった。あくまでもそれは、無理やりそう思おうとした自らの見解であったのかもしれないのだが。

　事前研修会で思ったことは、運動を実際にやってみることの大切さである。運動の教材研究と同じで、想像ではなく、試しにやってみる・体験してみるというのは、どのような運動でも必要なことだと感じた。

5. 研究授業

　雨天のため、場所の変更があり、話し合いがしやすい4人グループから2班合同の9人グループでの活動になるなど、予定していた通りとはいかなかったが、無事に終えることができた。ねらった通り、活動の中にかかわりを多く仕組み、かかわりの中から思考が生まれる様子を見てもらうことができた。校長先生は体育科を専門に研究されている先生で、事前に、「活動だけの授業は嫌い」ときっぱり言われて意気消沈していたのだが、研究授業の協議会では、「このような授業ならあり得る。」という校長先生からのコメントをいただくこともできた。体育科が嫌いだった児童も、友達から良い言葉をかけてもらったりアドバイスをもらったりすることで、満足していた。「良い授業をする」「皆ができるようになる」ことは、たしかに体育科を好きになったり、楽しいと感じたりすることにつながると思うが、「かかわり合うこと」＝「子どもたちの主体的な学び」が体育科好きになる近道かもしれないと、授業を終えて感じることができた。

6. 授業づくりをして感じたこと

　ベテランでもない普通の教師が、体育科の研究授業の提案をすることは、非常に難しいことである。今年度、ベテラン教師が働きかけてくださったように、校内研修の際には、ぜひ学年団で協力して取り組むようお願いしたいと思っている。1人では成し遂げられなかった授業提案。私は幸いにも協力してくださる方の存在があり、やり遂げることができた。そして、この授業提案をベースに、かかわり合いを仕組む授業をするようになった。子どもたちが自分だけではなく、友達を意識して共に学べる環境がつくれたことはクラス経営にも良い影響があったと感じる。

　授業が終わり、研究主任から研究通信『恋幟』（図1）が発行された。しかも、

研究授業が終わり、週末を挟んですぐの発行に、授業が終わってほっとしている私とは裏腹に研究し続けられる研究主任の姿に頭が下がった。「1授業だけでなく単元を通してこうしたいという思いが自分には伝わりました。」とねぎらっていただき、学年団で一生懸命取り組んだことが報われた瞬間だった。

研究通信『恋幟』　NO.7　文責　栗塚

H28.10.4

9/29 全体研（低学年）を終えて

全体研、お疲れ様でした。「対人力（かかわり）」を中心に据えながら、体育科のねらいに迫る授業を展開していただきました。研究推進部が提案するテーマを十分意識していただき、ありがたく感じました。その反面、やりにくかった部分もあると思いますので、ご意見を伺って来年度につなげていきたいと考えています。

さて、低学年の体育科には「遊び」と付いています。言葉を調べてみました。

> 遊びとは、知能を有する動物（ヒトを含む）が、生活・生存上の実利の有無を問わず、**心を満足させることを主たる目的**として行うものである。・・・（省略）遊びは、それを行う者に、充実感やストレスの解消、安らぎや高揚などといった様々な利益をもたらす。

「心を満足させる」という視点で見ると、今回の授業は大成功だったのではないかと思います。子ども達は障害物の置き方を考えながら、生き生きと活動していました。また、単元の中で「思考」する場面を本時にもってきた辺りも興味深かったです。体育科の研究授業は、「技能」の習得場面を扱うことが多い中で、敢えてそうした所に、「深い学び」「対話的な学び」「主体的な学び」を求める次期学習指導要領を見据えていたのではないかと推測します。

ただ、より「深い学び」にするために「遊び」の中に「学び」がないといけません。①何が分かり、できるようになったのかをはっきりさせること②楽しさと内容のバランス、そこに低学年の体育の難しさがあるように思います。

今回の授業では、1時間の中で劇的に動きが変わることや、皆がハードルにつながるインターバルの大切さに気付くことはなかったかもしれません。しかし、試行錯誤しながら上手くいった、いかない、上手くいかない置き方でも何とか走り抜けることを経験したこと・考えたこと自体が大切だったのではないかと思います。不自由を経験することで、単元後半、もしくは中学年でインターバルについて学び、合理的な運動に変えていくことを第2学年の先生方はねらっておられたのではないでしょうか。1授業だけでなく、単元を通じてこうしたいという思いが自分には伝わりました。これから伸びるために必要な、耕す1時間になったかどうかは、今後の授業にかかってきますね！是非、最後まで姿を貴き、子どもの事実から成果と課題を分析していただきたいと思います。

実は今回自分が無理を言って梅本先生にお願いしたことがあります。それは、授業時間内にカードの記述をしていただいた点です。低学年は書くこと自体に時間がかかるという実態もありますが、「思考」する場面を扱う上で、参観者が「見た事実」と、子どもが「書いた事実」を照らし合わせることに意味があるのではないかと考えたからです。自分が見た班は、よく考え、記述にもその事実を書いていました。本校の子ども達は本当によく考え、表現することができるなと感じました。正に強みですね。一方、「技能」については「思考」に追いついていない部分もあるので、その調整をするのが授業づくりのポイントになりそうな気がします。

これまで好き勝手言ってきました。低学年の先生方、貴重な提案ありがとうございました。次回は中学年の授業です。よろしくお願いします。本年度のまとめとして、しっかり研修しましょう。

図1　研究主任が発行した研究通信『恋幟』

3.12 「のぼりサファリでおもいっきり走ろう（走の運動遊び）」の実践を通して

梅本真知子・木原成一郎

1. はじめに

　小学校2年生を対象に「走の運動遊び」の研究授業を行った。かかわり合いを通して、心地よく走ったり低い障害物を走り越したりすることを目標とした授業実践を紹介する。

2. 授業改善のねらい

　場づくりの工夫が目標を達成させると考えた。まず、単元を通して授業をする運動場を、「のぼりサファリ」という草原の設定にし、児童がのびのびとおもいっきり体を使って走るチーターのイメージをもたせて取り組むことにした。次に、グループでお互いの動きを見合ったり、障害物の置き方を考えたりして、かかわり合う場面を多く仕組む授業にした。かかわり合うことで思考が生まれると考え、2年生でも思考している姿を参観している先生方に見取ってもらい、他学年で体育科授業において思考場面を設定した際に生かしてもらいたいと考えたのである。

3. 授業の実際

【期間】平成28年9月（全7時間）
【対象】広島市立幟町小学校2年生（29名）
【単元目標】
○いろいろな方向に走ったり、低い障害物を走り越したりできる。（技能）
○友達と仲良くきまりを守ったり、勝敗を受け入れたりすることができる。（態度）
○友達の良い動きを見つけたり、心地よく走れるように用具の置き方を工夫した

表1　単元計画「のぼりサファリでおもいっきり走ろう」全7時間

時数	第1時	第2・3時	第4・5・6時	第7時
学習段階	オリエンテーション	いろいろな形状で走ってみよう。	低い障害物を走り越そう。	折り返しリレーをしよう。

りしている。（思考・判断）

（1）のぼりサファリの設定

　単元を通して、授業の場所をのぼりサファリという草原の設定にし、児童がのびのびとおもいっきり体を使って走るイメージをもたせた。教具の工夫として低い障害物を牛乳パックで作った。身近な牛乳パックを用いることで、児童自身が恐怖心を取り除く事ができるのではないかと考え、低い障害物を岩や木に見立てることで、楽しみながら活動できるきっかけとした。

　障害物の高さや幅は様々で、手軽に移動させたり、向きを変えたりすることができる。（図1）（図2）（図3）（図4）

図1　障害物
（高さ 30cm× 横幅 80cm× 奥行き 3cm）

図2　障害物
（40cm×50cm×30cm）

図3　障害物
（30cm×40cm×15cm）

図4　障害物
（10cm×55cm×30cm）

（2）めあての提示

　授業の中では、理想的な走りとして、動物最速のチーターを提示し、チーターの走りを目指して取り組んだ。（図5）具体的には、前時までに児童から出て来た「ふみ切り足は障害物から少し離した方がよい」「少し前かがみの姿勢がよい」「勢いをつけた方がよい」「走り越すときは、ピョーンではなくシュッ」等のチーターのように走るこつを提示し、イメージを持たせた。（図6）本時のめあては、「いわや木のおき方やならべ方を考えて、走りこそう」だったが、「みんなが岩や木の置き方や並べ方を考えれば、もっとチーターのように走れるのでは？」と発問し、ねらいに転化させようとした。（図7）

図５　児童が考えた置き方

図６　イメージの持たせ方

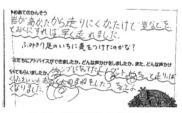

図７　本時のめあて

（3）かかわり合いの設定

　授業では、個人で運動を体験した後でグループへ個人の気付きを広げ、上手くできたりつまずいたりしたことを話し合わせる場を仕組んだ。例えば本時では、「どうして違和感を感じるのかな？」「どうしてこの岩は越しにくいと思う？」等、グループで心地よく走れるように用具の置き方や並べ方を考えさせた。（図8）（図9）

図9　グループでの思考場面

　グループ活動では、友達同士でアドバイスやよい言葉がけができるようにした。そのために、「前をよく見たらいいよ」「大股で走るといいよ」「ちょっとスピードが落ちているよ」等の、ふり返りで出てきたアドバイスやよい言葉かけを取り上げ、クラス全体に紹介し、広げていった。技能面を観察する時には、兄弟グループを作り、兄弟グループ間で上手くできていたかどうかの言葉かけを確実にできるようにした。兄弟グループにすることで、競走時など、所属したグループの友達からだけではなく、たくさんの友達からよい言葉や応援の言葉をかけて

図8　グループでの思考場面

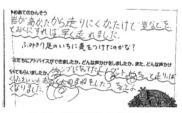

図10　単元を通して使用した
　　　ワークシートからの記述部分

もらうことができた。（図10）

4. おわりに

　単元を通して、かかわりの学習場面を多く仕組むことで、グループの中での話し合いの質が増していたのがワークシートの記述からも分かった。

　単元前と単元後では、走の運動遊び（走る・走り越す）が好きな児童を学年で集計したところ、71％から79％に増えた。理由として、「チームで競走して楽しかったから」「友達がアドバイスをしてくれて速くなった気がするから」等があった。また、走の運動遊び（走る・走り越す）が得意だと感じている児童を学年で集計したところ、59％から65％に増え、まあまあ得意を含めると、学年の91％の児童が走ることに対して得意だと感じられる結果となった。理由としては、「チームでタイムを計った時にどんどん速くなっていったから」「上手だよ・グッドと言われて自信が出てきたから」等があった。以上のことからも、かかわることで記録がのびたり、できるようになったりすることが実感できた。

　一方で、活動主義と指摘されても仕方がない部分が課題として残った。例えば、児童が楽しい・面白いと夢中になって活動するものの、本時で付けたい力が備わったのかどうか、知識として理解できたのか、学びの成果を明確に追究していく必要があると感じた。低学年の運動遊びとはいえ、何が分かりできるようになったのかをはっきりさせることや楽しさと内容のバランスを考えることが大事だと感じた。また、児童一人一人背の高さが違うと、インターバルが違い、心地よい感覚も違うので、同じ場を走り越すことを共通の課題とするグループ活動が一概に良いとは言えないことも課題として残った。

（梅本真知子）

〈研究授業後の協議会での質疑応答〉

　幟町小学校の協議会には全校教諭21名に加え、体育の授業研究に造詣の深い教頭と校長、木原と大学院生2名が参加した。研究主任（当時）の栗塚先生から3つの運営と協議の柱が示された。第1に、子どもと教諭を6つのグループに分けグループで同じ子どもを観察し、子どもの学びの様子や事実を見取り、そのことを基に協議会で話し合うこと。第2に、本時の目標達成のために、「のぼりサファリ」「少人数のグループ」「グループの活動と兄弟グループの活動の設定」が「場づくり」として効果があったか。第3に、子ども達は本時のめあてに向かってどのようにかかわりあっていたか。

　研究授業後の協議会は次のように進行した。はじめに、授業者の梅本先生が、自評として「場づくり」の意図を説明し、障害物の「置き方」「順番」「間隔」を授業中に変えたグループは走り越すなかで2年生なりに思考し自分の意見をいう判断ができたと評価した。次に、授業観察中に気づきを記入した「良かった点」(黄色)「課題と思う点」(青色)「私ならこう改善する」(ピンク色)の付箋を基に、グループごとに気づきを交流した。その後、各グループから交流した意見を全体で発表した。そこでの発表内容から課題と改善案のみを順に示す。「子どもは話し合っていたがなぜ箱を横にしたのかの理由が出てこない」「リズムの変化を感じることができていないので障害物を1個減らしてはどうか」「最初のコースに満足して走り越していた。そしてグループの話し合いは少なかった」「リーダーが等間隔に最初から障害を置いていた。リレー競争で勝負にこだわっている子どもがいた」「話し合いが全員のものにならず一部の子どもの意見が出てしまった」「話し合わずに一部の子どもが障害を動かしている」

　この後、教頭先生より子どもの動きに関して、「障害物を越えて両足着地の子がいない。着地の次の一歩がよく出ている。前のめりで跳び越している」という点が、「チーターの走り」としていい動きになっていると指摘があった。さらに、低学年の「遊び」であっても活動のみではなく学習内容を明確にし、子どもに何を話し合わせるのかをはっきりと理解させることが重要と校長先生が指摘された。最後に木原から「前時のねらいから今日のねらいを示す場面で、子どもに観点を発問する場面を設定すべき。」「2回目の作戦会議で『完ぺき』『難しい』を挙手させたが『間隔』『高さ』という具体的な観点を示す方が思考を促す」との改善点の指摘があった。

（木原成一郎）

あとがき

　広島県教育委員会（2018）によれば、表1に示すように、2017年度の広島県全体の研究公開校は小学校471校のうち298校で広島県全体の63％、中学校は235校のうち167校で広島県全体の71％でした。体育科（全教科を含む）を公開した小学校は26校で広島県の小学校全体の6％、保健体育科（全教科を含む）を公開した中学校は53校で広島県の中学校全体の23％でした。小学校の他教科と比較すると、体育科は、算数の5分の1弱、国語の3分の1弱です。研究公開をしていない学校でも校内研修として体育の授業研究を実施した学校もあるかもしれません。しかしながら、この数字は、体育の授業研究を学校ぐるみで実施している学校があまりにも少ない事実を示しています。

　本書は、校内研修としての体育の授業研究が、体育授業を指導するために必要な教師の資質・能力の育成に大きな役割があることを指摘してきました。しかしながら、この数字をみれば残された課題は大きいと言わざるを得ないでしょう。この現状を打開する道は、学校ぐるみで体育の授業研究を研修として行うことが困難であっても、同じ学年や学校内の有志が自発的な研修として体育の授業研究を行う試みにあると思います。

表1　2017年の広島県全体の研究公開校

教科及びテーマ	小学校		中学校	
	数	割合（％）	数	割合（％）
算数・数学	136	29	40	17
国語	79	17	29	12
道徳	38	8	26	11
理科	19	4	23	10
英語	18	4	36	15
全教科（体育・保健体育を含む）	8	2	41	17
体育・保健体育	18（26）	4（6）	12（53）	5（23）
総合的な学習の時間	58	12	30	13
小学校と中学校の連携	24	5	13	6
広島県全体の研究公開校の合計	298	63	167	71
広島県全体の学校の合計	471	100	235	100

引用文献：広島県教育委員会（2018）「平成29年度研究公開校一覧」

　各市町村や都道府県では、校長会や教育委員会の支援を受け教師の現職研修のために地区研究会が組織されています。そこには体育部会があり、校区内の複数の学校から教師が参加して、ある学校に集合し研修として授業研究を行っています。この体育部会に所属している教員が中心となり、同じ学年や学校内の有志で研修として体育の授業研究を行うことが、この現状を打開する第1歩となると思います。本書の執筆にかかわった先生方はもちろん、本書を読んだ読者の先生方がこの第1歩を踏み出す先頭に立つことを期待しています。

【文献】

広島県教育委員会（2018）平成 29 年度研究公開校一覧．広島県教育委員会 HP，https://www.pref.hiro-shima.1g.jp/site/kyouiku/heisei29nenkennkyuukoukaikouitirann.html（2018.7.12 検索）

執筆者紹介

【編者・執筆者】
木原成一郎（広島大学）
大後戸一樹（広島大学）
久保研二（島根大学）
村井　潤（武庫川女子大学）
加登本　仁（安田女子大学）

【執筆者】
〈第1章〉
中西紘士（環太平洋大学）
岩田昌太郎（広島大学）
嘉数健悟（沖縄大学）

〈第2章〉
川口諒（びわこ学院大学）
中川麻衣子（川崎医療福祉大学）
齊藤一彦（広島大学）
濱本想子（広島大学大学院）

〈第3章〉
前田心平（広島市立戸坂小学校）
横矢綾乃（広島市立牛田新町小学校）
栗塚祐二（元広島市立幟町小学校）
梅本真知子（広島市立幟町小学校）

【イラスト】
守屋邦映（広島大学教育学部4年）

子どもの学びがみえてくる体育授業研究のすゝめ

2020年6月5日　第1刷発行

編　者　　木原成一郎・大後戸一樹・久保研二・村井潤・加登本仁
発行者　　鴨門裕明
発行所　　㈲創文企画
　　　　　〒101-0061　東京都千代田区神田三崎町3−10−16　田島ビル2F
　　　　　TEL：03-6261-2855　FAX：03-6261-2856　http://www.soubun-kikaku.co.jp
装　丁　　オセロ
印刷・製本　壮光舎印刷㈱